MASTER
SELLING

MARCELO ORTEGA

PALESTRANTE, TREINADOR E MASTER EM VENDAS

MASTER SELLING

Um verdadeiro manual para Mestres em Vendas

ALTA BOOKS
EDITORA
Rio de Janeiro, 2020

MasterSelling – Um verdadeiro manual para Mestres em Vendas
Copyright © 2020 da Starlin Alta Editora e Consultoria Eireli. ISBN: 978-65-552-0136-9

Todos os direitos estão reservados e protegidos por Lei. Nenhuma parte deste livro, sem autorização prévia por escrito da editora, poderá ser reproduzida ou transmitida. A violação dos Direitos Autorais é crime estabelecido na Lei nº 9.610/98 e com punição de acordo com o artigo 184 do Código Penal.

A editora não se responsabiliza pelo conteúdo da obra, formulada exclusivamente pelo(s) autor(es).

Marcas Registradas: Todos os termos mencionados e reconhecidos como Marca Registrada e/ou Comercial são de responsabilidade de seus proprietários. A editora informa não estar associada a nenhum produto e/ou fornecedor apresentado no livro.

Impresso no Brasil — 1ª Edição, 2020 — Edição revisada conforme o Acordo Ortográfico da Língua Portuguesa de 2009.

Produção Editorial	**Produtor Editorial**	**Marketing Editorial**	**Editor de Aquisição**
Editora Alta Books	Illysabelle Trajano	Livia Carvalho	José Rugeri
		marketing@altabooks.com.br	j.rugeri@altabooks.com.br
Gerência Editorial		**Coordenação de Eventos**	
Anderson Vieira		Viviane Paiva	
		eventos@altabooks.com.br	
Gerência Comercial			
Daniele Fonseca			

Equipe Editorial		**Equipe de Design**
Ian Verçosa	Rodrigo Ramos	Larissa Lima
Juliana de Oliveira	Thales Silva	Paulo Gomes
Maria de Lourdes Borges	Thiê Alves	
Raquel Porto		

Revisão Gramatical	**Layout**	**Diagramação**	**Capa**
Kamilla Wozniak	Paulo Gomes	Luisa Maria Gomes	Leandro Correia
Fernanda Lutfi			

Publique seu livro com a Alta Books. Para mais informações envie um e-mail para **autoria@altabooks.com.br**

Obra disponível para venda corporativa e/ou personalizada. Para mais informações, fale com **projetos@altabooks.com.br**

Erratas e arquivos de apoio: No site da editora relatamos, com a devida correção, qualquer erro encontrado em nossos livros, bem como disponibilizamos arquivos de apoio se aplicáveis à obra em questão.

Acesse o site www.altabooks.com.br e procure pelo título do livro desejado para ter acesso às erratas, aos arquivos de apoio e/ou a outros conteúdos aplicáveis à obra.

Suporte Técnico: A obra é comercializada na forma em que está, sem direito a suporte técnico ou orientação pessoal/exclusiva ao leitor.

A editora não se responsabiliza pela manutenção, atualização e idioma dos sites referidos pelos autores nesta obra.

Ouvidoria: ouvidoria@altabooks.com.br

Dados Internacionais de Catalogação na Publicação (CIP) de acordo com ISBD

O77m   Ortega, Marcelo

          Master Selling: um Verdadeiro Manual para Mestres em Vendas / Marcelo Ortega. - Rio de Janeiro : Alta Books, 2020.
          272 p. ; 16cm x 23cm.

          Inclui bibliografia e índice.
          ISBN: 978-65-552-0136-9

          1. Administração. 2. Vendas. 3. Sucesso. I. Título.

2020-1301   CDD 658.85
                                                              CDU 658.85

Elaborado por Vagner Rodolfo da Silva - CRB-8/9410

Rua Viúva Cláudio, 291 — Bairro Industrial do Jacaré
CEP: 20.970-031 — Rio de Janeiro (RJ)
Tels.: (21) 3278-8069 / 3278-8419
ALTA BOOKS www.altabooks.com.br — altabooks@altabooks.com.br
EDITORA www.facebook.com/altabooks — www.instagram.com/altabooks

Dedicatória

Dedico este livro especialmente a você, leitor(a)

No mundo em que vivemos, são poucos os interessados em ir fundo no conhecimento e na busca pela sabedoria em vendas, área na qual a informalidade e a falta de ética, muitas vezes, prevalecem.

Quero que meu filho seja, antes de tudo, um grande vendedor. Criemos filhos vendedores, pois eles terão mais chances de atingir sucesso em qualquer área que atuem.

Investir em conhecimento nunca é demais. Caro mesmo é investir na ignorância e na improvisação, muito vistas entre pessoas que se dizem sábias e comandam o jogo comercial no mundo corporativo.

Parabenizo você pela escolha de ler. Não por ser este livro. O brasileiro lê menos de ½ livro por ano segundo dados da Bienal do livro em 2018. Se você terminar este, estará acima da média.

Muitos vendedores e, até mesmo, seus líderes deixam de investir em si, esperando que suas empresas lhes paguem cursos, palestras, treinamentos e tudo mais. Talvez essa seja a confirmação mais evidente de que muita gente "está" em vendas como se fosse provisório. Como diz meu amigo Cláudio Tomanini, professor e palestrante, que me deu a honra de prefaciar este livro: "Vendedor que está em vendas pensando que é algo provisório acaba, muitas vezes, sendo 'provinitivo', o provisório definitivo." Ficam em vendas 15 anos dizendo que é algo temporário.

Não entre neste livro para apenas folhear as páginas e dar uma passada nos conceitos e ideias propostas. Entre de cabeça. Tente mesmo pôr em prática, rever conceitos, questionar o que escrevi, tentar fazer dar certo, no seu ritmo, modelo de trabalho, com sua equipe e dentro do seu mercado de atuação. O líder e o vendedor, mestres em vendas, aprendem sempre e sabem que multiplicação é palavra de ordem. Conte para os outros tudo que este livro puder lhe ensinar ou lhe fizer refletir. Ninguém vence sozinho. Seja um mestre! Alguém que saboreia o saber.

Boa leitura e boa$ venda$

Marcelo Ortega

Agradecimentos

Agradeço primeiramente a Deus. São 20 anos à frente de grandes profissionais, de grandes plateias, falando de vendas e gestão.

Agradeço meu filho e melhor amigo, Lorenzo, por ser tão especial, carinhoso, compreensivo, criativo, inteligente e generoso. Sua sensibilidade e sua capacidade de me motivar fazem da minha vida sensacional.

Por ele, eu vivo.

Dedico este livro ao meu pai. Agradeço muito a minha família: Dona Izilda, Crisão, Rê, Lú, Cecé, Kikih, Luquinhas, a pequena Isabel e ao Seu Ortega que hoje mora no céu. A todos os meus familiares e amigos queridos que não citei aqui, mas que me ajudam com sua força e apoio. Obrigado de coração.

Agradeço a todos os amigos que passaram pela história deste livro.

Meus amigos Martinho Nery, Leonardo Gonzaga e Helio Poli, que participaram dos primeiros insights e da promoção do método Master Selling. Ao Irmão Leandro Correia, que fez a maravilhosa capa desta obra, e é meu cumplice, um grande especialista em marketing e design digital, que está comigo há mais de 15 anos.

Agradeço a você por ter chegado até aqui. Saiba que eu torço com toda a minha fé para que este livro te ajude a ser um mestre em vendas, formando outras pessoas, multiplicando os conhecimentos que dividi, que foram conquistados acertando e errando muito, mas denotam a pessoa que sou: um apaixonado por vendas, um vendedor inveterado, um estudioso incessante por conhecimentos novos no mundo comercial, um instrutor, formador, treinador, professor, seja lá o que for, palestrante ou orador, um humilde mestre e também aprendiz.

Prefácio

O conteúdo deste livro está hipnótico, verdadeiro e direto.

É contundente e reflexivo a cada página. Apresenta uma leitura fácil e de aplicação imediata, independentemente do segmento em que você atue.

Um verdadeiro guia sobre como obter resultados de alta performance, tendo por base seus liderados, visando alcançar a dominância das vendas e do mercado. Se você e sua equipe não possuem essa prevalência, vocês estão em perigo, por isso, sem dúvida, esta obra é para você. Tenha em mente que trilhar o caminho proposto não será fácil, pois aqui não há fórmulas alquimistas e sim trabalho de alpinista.

O livro é muito prazeroso, porque lhe faz compreender a importância de repensar velhas ideias, rever conceitos, recriar e reimaginar essa carreira tão complexa. Afinal, ninguém nasce dizendo que quer ser vendedor, coordenador, gerente ou diretor de vendas. Aliás, vendedor, coordenador, gerente ou diretor de vendas não nascem prontos!

Sendo assim, **Marcelo Ortega** nos presenteia com conhecimento sobre como alcançar os atributos necessários para a alta performance, inclusive, sobre a importância do papel do líder — o que, em vendas, é extremamente fundamental. E traz à luz vários conceitos, além de ensinar como a motivação deve ser adquirida, utilizada e mantida.

E isso, cá entre nós, é algo que está completamente difundido de forma errônea, fazendo com que muitas equipes e líderes caiam no ostracismo. O resultado desse ostracismo você já pode imaginar, não é? As vendas ocorrem amparadas por preço baixo, descontos etc. etc. Com certeza, você conhece bem esse cenário que, normalmente, vem recheado de desculpas.

Gostei muito dos ensinamentos, mas, em especial, sobre as perguntas a serem feitas na venda e na mentoria comercial, do redesenho de propostas comerciais com a técnica de *Master Selling* e as técnicas para um mundo digital sem ser banal. As pessoas se esquecem que, mesmo com o passar do tempo,

PREFÁCIO

o avanço das demandas do mercado e o surgimento de novas tecnologias, o básico bem-feito segue irrefutável e infalível, ou seja, não há a necessidade de reinventar a roda como muitos apregoam por aí, atuando como agentes do caos.

> **LEMBRE-SE, CARO LEITOR, ATENDER CLIENTES É ALGO QUE FICOU PARA TRÁS HÁ MUITO TEMPO.**

Mais do que nunca, você precisa entender não apenas as demandas do seu cliente, mas também como compreender seu negócio e sua cadeia de valor. Afinal, o cliente compra pelos motivos dele, não pelos seus.

Outro ponto que me encanta nesta obra é a riqueza de detalhes sobre o conceito do quanto o indivíduo é a condicionante que desequilibra a adversidade do mercado e seus concorrentes. Os tópicos que abordam a questão cultural sobre vendas e o vendedor, o olhar que o líder e todos da equipe de vendas devem adotar perante esse novo mercado que vivemos e os comportamentos e atitudes que são esperados de nós são extremamente bem fundamentados e construídos, mostrando como devemos agir em cada uma dessas questões.

No mais, sugiro que você internalize uma frase que sempre digo e, independentemente do tempo, mantém-se atual:

> "O MERCADO CAMINHA COM VOCÊ, SEM VOCÊ OU APESAR DE VOCÊ."

Por isso, eu optei por tornar vendas a minha profissão. Profissão essa que já me fez chorar, rir, sofrer e vibrar tão qual um grande amor.

E, seguindo essa linha de comparação, tenha a certeza de que para manter acesa a chama, sempre é preciso investir, se dedicar e se entregar para a busca contínua de superação. Como já disse mais acima, e que inclusive é fala de um querido amigo em comum, José Luiz Tejon: "Vendedores (guerreiros) não nascem prontos."

> NÃO SE ESQUEÇA DE QUE O CONTEÚDO DESTE LIVRO EQUIVALE A HORAS E HORAS DE TREINAMENTOS.

Quanto custa treinar um líder ou um vendedor? Pois é, sem dúvida alguma, esta obra, além de ser um presente de muito bom gosto, tem um custo-benefício extremamente atrativo se comparada com um treinamento presencial ou online.

PREFÁCIO

Lembre-se, a venda não é uma atividade isolada. Ela depende de uma estratégia bem elaborada, fundamentada e disseminada em sua equipe de vendas. Sucesso para você nesta jornada em se tornar um *Master Selling*!

Grande abraço,

Cláudio Tomanini
Professor de marketing e gestão de vendas
do MBA Executivo da FGV e autor de vários livros.

Sobre o Autor

Marcelo Ortega é treinador especialista no desenvolvimento de técnicas e atitudes que determinam crescimento, lucratividade e aumento de produtividade dos vendedores e áreas afins como marketing, atendimento, suporte ao cliente, contact center, pós-venda e relacionamento com clientes internos e externos.

Palestrante internacional, com mais de 22 anos de atuação em todo o Brasil, atingiu também reconhecimento em outros países, como Paraguai, Argentina, México, Uruguai, Chile e, em especial, destacou-se por três anos seguidos (2008, 2009 e 2010) na Europa, na Espanha e em Portugal, tendo uma presença marcante nos congressos empresariais da EGP – Escola de Gestão do Porto e no Congresso Internacional de Vendas promovido pela KLA. No Brasil, está presente nos mais importantes eventos e congressos, como o Congresso Nacional de Vendas pela KLA (2007, 2009, 2011 e 2012) e ExpoVendaMais, onde fez palestras em 2006, 2007 e 2008, tendo mais de 98% de aprovação.

Palestrante de Vendas, Ortega foi assistido por mais de 600 mil pessoas ao longo de todos esses anos de carreira como palestrante, treinador e consultor. Sem contar seu tempo de experiência na área de vendas, que com orgulho totaliza 28 anos de atuação e estudo de técnicas e ferramentas. Treinou milhares de pessoas em empresas como Petrobras, Citroën, Vivo, Pfizer, Amil, Porto Seguro, Itaú, Volkswagen, Drogasil, Daimler Chrysler, Atento, Venbrás, Honda, Nossa Caixa, Unidas, Wyeth Brookfield, VodaFone, Grupo Sonae e muitas outras.

SUMÁRIO

	INTRODUÇÃO	1
1.	M.A.S.T.E.R	7
2.	POR QUE A MAIORIA FRACASSA?	15
3.	MUITA COISA MUDOU	25
4.	SOMOS TODOS VENDEDORES?	39
5.	VENDAS SERÃO A CHAVE DE TUDO!	47
6.	QUE TIPO DE VENDEDOR NUNCA ESTÁ DESEMPREGADO?	61
7.	VIVER E VENDER SE APRENDE: VIVENDO	73
8.	AO LONGO DA HISTÓRIA	91
9.	DO QUE É FEITO UM CAMPEÃO	121
10.	ÉTICA EM VENDAS	133
11.	FOCO NO DINHEIRO NOVO PARA O NEGÓCIO	143
12.	SEJA UM LÍDER INTELIGENTE EM VENDAS	153
13.	QUER SER EDUCADOR, PALESTRANTE OU TREINADOR?	163
14.	O PRINCIPAL ENSINAMENTO PARA UM VENDEDOR	177
15.	PROPOSTAS COMERCIAIS COM CREDIBILIDADE E CRIATIVIDADE	191
16.	FERRAMENTAS DE VENDAS	203
17.	INSIGHTS MESTRES	215
	CONHEÇA O MÉTODO MASTER SELLING	229
	MASTER SELLING DAY	247
	BIBLIOGRAFIA	249
	ÍNDICE	251

Introdução

Este livro é indicado a todos que lideram ou almejam liderar equipes de vendas sem terem se formado para tanto. A todos que treinam vendedores usando métodos e técnicas profissionais garimpados em diversos meios de formação, mas muitas vezes com sua intuição, sua criatividade e com o uso de sua experiência no mundo comercial.

Neste livro, dividirei com você tudo que aprendi até me tornar um mestre de vendas. Fui muitas vezes campeão de vendas em empresas nacionais e multinacionais, liderei centenas de vendedores durante uma década como líder, gerente e diretor comercial, mas, especialmente, produzi conteúdo por mais de 20 anos como autor, conferencista, palestrante e treinador de equipes de vendas no Brasil, em alguns países latino-americanos e em Portugal, onde também tenho meus livros publicados e clientes de renome.

Master Selling é um método que estou criando juntamente a este livro para disseminar conhecimento e melhores práticas para conduzir uma equipe de vendas ao verdadeiro patamar de sucesso.

Como formar, treinar, motivar e dirigir profissionais ligados a cadeia produtiva da venda, não apenas os que rotulamos como vendedores, de fato. Todos somos vendedores, e o mestre de vendas (Master Selling) é capaz de envolver, mobilizar e fazer com que todos numa empresa, ou negócio, comprometam-se com seu crescimento, sua lucratividade e sua excelência na conquista e retenção de clientes.

Quem leu meus livros *Sucesso em Vendas*, *Inteligência em Vendas* e *RedBook*, sabe que o meu maior legado é o conteúdo técnico e atitudinal. Comportamentos e processos que determinam o sucesso para todos, do vendedor ao diretor, da estratégia ao resultado.

Agora, não ensinarei técnicas e comportamentos de vendas e negociação, de atendimento ou relacionamento, de motivação ou obtenção de metas e objetivos.

INTRODUÇÃO

Contarei aquilo que nunca contei numa palestra, num artigo, nem mesmo nos meus principais livros.

Master Selling deve servir como uma obra biográfica definitiva na minha vida, pela profundidade e franqueza com que tratarei as histórias e fatos que marcaram minha vida profissional e pessoal. Quero lhe mostrar o que aprendi com meus erros, acertos, avanços, desvios, pontos fortes e fracos, e sobretudo fazer-lhe pensar no que se pode melhorar, dia após dia, como um mentor no mundo comercial. Mentoria está na moda, mas quase ninguém sabe mentorar ou precisa ser mentorado quando aquilo que se propõe é incipiente.

Frases feitas, métodos reembalados com outros nomes, processos lineares, pouca inovação, falta de aplicação prática e tudo que depõe contra os modelos de consultoria e mentoria existentes em vendas serão tratados aqui. Chega de fingir, investir no que não funciona, motivar vendedores com curta duração, dar treinamento sem o real envolvimento do líder para a retenção do que foi aprendido.

Arregace suas mangas, porque aqui trabalharemos: no que for fato, não em afirmações imprevistas; no que for possível, não em ideias que nunca são implementadas; no que for transformador, pois mudar é uma das maiores dificuldades do ser humano, a mais estressante.

Atreva-se a mudar. Leia cada página deste livro com o pensamento aberto a novas ideias, ou ainda, validando se essas fazem sentido. Se não fizerem, ok. Descarte-as. Porém, evite a autossabotagem ou a arrogância que nos impedem de evoluir.

Não sou, nem nunca serei, "dono da verdade". Este livro é um exercício de sinceridade e uma visão de alguém que vive do mundo das vendas, com imensa paixão pela arte de vender, liderar e treinar pessoas há décadas. Estou do seu lado, jamais contra. Se você é muito experiente como dirigente, perdoe-me se te incomodarei mostrando novidades e o quão obsoleto você pode estar. Se você é novato na posição de mestre ou líder, desfrute de cada ideia, sem a expetativa de que revelarei coisas inéditas e mirabolantes. Serei como sempre fui, um pragmático, até um pouco "ácido" nas palavras. Por quê? Porque minha motivação para escrever este livro é fazer com que sua vida e a de toda sua equipe seja melhor, sem retóricas ou delongas. Sem mimimi, sem enrolação.

MENTORIA ESTÁ NA MODA, MAS QUASE NINGUÉM SABE MENTORAR

CAPÍTULO 1
M.A.S.T.E.R

...

Acróstico que criei quando iniciei o desenvolvimento deste método. Em inglês, já que culturalmente cresci em multinacionais e aprendi a fazer acrósticos lendo livros de autores americanos, que têm esse hábito.

M	OTIVATION
A	SSESMENT
S	TRATEGY
T	RAINING
E	NVIROMMENT
R	ESULT

Motivação (motivation): não existe. O mestre de vendas não consegue motivar ninguém se não for automotivado e capaz de produzir uma atmosfera que permita automotivação de seus liderados. O que motiva um vendedor passa muito mais por desafios e responsabilidades do que dinheiro, por exemplo. Provarei isso ao longo deste livro.

Investigação (assessment): quem não reconhece o seu campo de batalha ou de jogo não avança nem vence. O aspecto mais importante em um mestre de vendas é a leitura de seus recursos humanos, corporativos e tecnológicos (ferramentas). Com o uso da informação, qualidade na gestão, observação sistêmica do mundo interno e externo, é possível ter estratégias e táticas de guerrilha. Porque o mundo das vendas pode ser associado a uma guerra.

Estratégia (strategy): quem leu *A Arte da Guerra* — Sun Tzu — sabe que "treinamento" é constante e se aplica até para os generais mais experientes. Estratégias não nascem apenas na cabeça de líderes ou mestres. Não podemos mais conviver com a petulância da hierarquia retrógrada de que um diretor ou gerente determina as metas e cada um que está no operacional precisa aceitá-las e realizá-las. Mestres de vendas do mundo de hoje vivem de criar líderes e permitem que as pessoas se sintam parte da estratégia.

Treinamento (training): quanto custa o cliente que sua empresa perde? O desconto excessivo que sua equipe aplica em média? A venda do produto pelo preço, não pelo

valor? Há duas décadas treinando equipes comerciais, garanto que esse desperdício é produto da falta de treinamento, de verdade. Precisamos de mestres treinadores de vendas. Não coaches ou instrutores baratos, que ensinam de forma rasa e básica como atender clientes e tirar pedidos.

Ambiente (environment): o clima ou atmosfera da área comercial e áreas afins precisa ser favorável a criação de oportunidades e ideias que ajudem o vendedor a fechar mais e melhor. Quem não trabalha em vendas, trabalha para vendas e ponto final. Chega de ambientes desmotivadores, desconexos entre áreas da empresa. Competições desleais, intrigas, falta de identidade e de uma cultura geradora de negócios. Se isso continuar, sua empresa será apenas uma empresa de atendimento, não de vendas. E certamente, nem atender bem, atenderá.

Resultado (result): ponto alto do mestre. Não adianta trabalhar muito e não chegar onde se quer. Vendedores vivem do resultado. Líderes, ainda mais. No entanto, a maioria das empresas demite vendedores regularmente por falta de uma filosofia de capacitação e acompanhamento adequados, multidisciplinares, cognitivos e que são feitos pelo gestor ou diretor, não pelo vendedor.

■ MASTER SELLING ■

Nas páginas a seguir, refletiremos com histórias, pensamentos e propostas de mudança em cada um desses fundamentos — Master Selling.

■ ■ ■

QUEM NÃO RECONHECE SEU CAMPO DE BATALHA, OU DE JOGO, NÃO AVANÇA NEM VENCE

CAPÍTULO 2
POR QUE A MAIORIA FRACASSA?

...

Neste mundo maluco em que vivemos hoje, quase ninguém sabe bem para onde vai. Mesmo os mais centrados não sabem ao certo se escolheram a carreira ou a empresa certa. Tudo é provisório, incerto, dependente de inovações e questões financeiras. Trabalhamos para ganhar dinheiro, garantir o futuro, realizar nossos sonhos. Mas será que nos apaixonamos pela trajetória que nos levará a ter o sustento e a satisfação que tanto desejamos?

Estou na minha terceira carreira, porque já fui músico, vendedor e hoje sou palestrante, se é que isso é trabalho. Outro dia, perguntaram-me no aeroporto, se além de palestrar, eu trabalhava?

Respondi cabisbaixo: "Não, só dou palestra mesmo" (risos). No entanto, essa provocação gerada pela pergunta me fez repensar o que realmente me trouxe até aqui e, acredite, não foi assim tão simples responder. O fato é que gostar de pessoas me colocou nos palcos, nas salas de reuniões e nos palcos de novo, desta vez sem um instrumento musical.

Falar com gente foi a grande motivação, dentre todas as que tenho e tive. Adoro mesmo. E não é uma questão de ego, mas de foro íntimo, propagar aquilo que aprendo, com um jeito que considero especial e eficaz, porque ensinar não é para qualquer um.

Tem gente com muito mais conhecimento que não consegue explicar quase nada a outra pessoa, porque não tem paciência, didática, vontade. Por outro lado, eu também era um pouco assim quando comecei na carreira de palestrante. Faltava-me técnicas de oratória, de venda de ideias, de como fazer as pessoas experimentarem novos conhecimentos, não apenas ouvi-los. Por isso, decidi que seria o melhor treinador, não apenas comunicador. De tanto errar, ganhei experiência para fazer cada dia melhor o meu papel de educador, que por acaso faz palestras.

A verdade é que uma carreira que completa este ano duas décadas não nasceu por acaso, só por vontade ou sonho. Ela é o resultado da extrema persistência na correção de erros, e de um mundo de outras vivências, como as de quando eu tocava em festas e bares em São Paulo, sobretudo, quando carregava pasta ou comandava centenas de vendedores e coordenadores de venda nas multinacionais por onde passei.

▪ POR QUE A MAIORIA FRACASSA? ▪

Mas por que muita gente no caminho fracassou e não andou comigo nessa trilha de sucesso? Porque a maioria não quis corrigir erros e abrir mão de velhos hábitos. Porque não fazia sentido para elas, mesmo que fossem sonhadoras dos mesmos sonhos que eu.

Chega de achar que um ser humano tem mais sorte que o outro. Chega de julgar que todos somos iguais e é tudo uma questão de oportunidade.

> SORTE E OPORTUNIDADE ANDAM JUNTAS, QUANDO EXISTE VONTADE E PREPARO.

Todas as pessoas fracassam porque é preciso fracassar. Experiência se adquire tomando decisões erradas. Errar é necessário, doloroso, custoso e provoca um terrível sentimento de derrotismo. Mas se o seu olhar, em especial, no mundo comercial for positivo, apesar de tudo, existirá uma renovação interior, um gás poderoso, uma fome de vencer que não se cria na vitória.

Aos 11 anos, eu tocava bateria num pandeiro, pois era tudo que meu pai podia comprar. Nele, eu via o chimbal e ainda conseguia tirar o som do bumbo. Decidi ali me divertir com o que tinha.

Nessa época, decidi construir um carrinho de carregar papelão. Depois fiz um upgrade para um carrinho de doces, porque não tinha porte físico para carregar carrocinhas de papelão. Sei que você deve estar pensando no quanto seria horrível se eu tivesse virado um catador de papelão. Mas, como criança, não havia preconceito, pois para mim era um trabalho como outro qualquer, e aliás, independente, com flexibilidade de horários e com uma remuneração até bacana, já que investiguei isso indo ao lugar que comprava o papelão que os catadores vendiam.

O carrinho de doces, no entanto, foi muito mais legal, porque meu público eram as crianças, em sua maioria. Vendia numa rua de volta da escola. Quem o fez para mim foi o Pereira, meu avô. E minha mãe comprava os doces no depósito, porque ela sempre incentivou em mim este lado empreendedor e do trabalho. Trabalhar era o único modo que via de ajudar de fato, porque as contas na gaveta, presas no grampo grande, eram cada vez maiores.

Mas os amiguinhos da vizinhança não entendiam meu comportamento, já que morávamos num bairro chique e eles não tinham que trabalhar. Só tocavam seus teclados e guitarras no estúdio de um deles. Eram ricos, sorte deles. Eu não, sorte mi-

POR QUE A MAIORIA FRACASSA?

nha. Porque a minha vontade era ter minha bateria, com chimbal, caixa, tom-tons, surdo, bumbo e pratos.

Aos 13 anos, fui trabalhar numa loja de instrumentos musicais, e parte do meu salário era para minha "batera". Depois de seis meses de trabalho lá estava ela, ocupando quase o quarto todo onde eu dormia com meus irmãos.

Aí, comecei em vendas como assistente numa corretora de seguros. Aliás, vale dizer que meu primeiro emprego em vendas foi aos 12 anos, ajudando minha tia Tania, que era representante da Marisol. É o primeiro registro de minha carteira de trabalho.

De lá para cá, passei por mais de 15 empresas, muitas de renome internacional. Formei-me engenheiro, com pós em marketing, e virei uma espécie de referência no mundo comercial, com mais de dez publicações e três best-sellers dentre estas na área de vendas, gestão e motivação.

Fiz questão de contar essa historinha ao começar este livro, para que saibam de onde eu vim, sem querer me gabar sobre como e onde consegui chegar. Mas garanto que me orgulho muito da minha trajetória, cheia de erros, frustrações, desapegos, mudanças físicas e de amigos, que me ajudaram, mesmo me atrapalhando, a ser uma pessoa que prova a si mesma todos os dias. Que entende que o sucesso é uma equação de fracassos, sofrimentos, desilusões neutralizadas com a coragem pela mudança, pela dor, pela superação, que são frutos do que experimentamos e aprendemos.

==FRACASSE LOGO, MUITAS VEZES, CORRIJA A ROTA, AFASTE-SE DOS QUE ATRAPALHAM E SIGA EM FRENTE. TENHA QUANTAS CARREIRAS QUISER. CADA EXPERIÊNCIA VALE A PENA.==

...

CHEGA DE ACHAR QUE UM SER HUMANO TEM MAIS SORTE QUE O OUTRO

CAPÍTULO 3
MUITA COISA MUDOU

. . .

Há pouco mais de dez anos, meu carro era uma Land Rover Defender 2002, que comprei praticamente zero e, eu estava escrevendo o livro *Inteligência em Vendas*. Meu filho tinha um aninho e eu estava num gás fervoroso de conquistar o mundo, fazer algo grande para ele se orgulhar.

Nessa época, poucos palestrantes falavam de vendas com autoridade. Eu já era um deles, mesmo tendo apenas nove anos no mercado de palestras. Fazia entre 12 e 15 eventos por mês, ou seja, quase não parava em casa. Via um mundo se desenhando lindamente nas relações humanas, pois nunca se falou tanto em pessoas como na década de 1990. Os RHs valorizavam o capital humano, os talentos, nasciam as trilhas de desenvolvimento, o *adaptive learning*, e uma onda digital ainda rasa.

O Orkut era rede social, que aliás eu nunca tive. Não sentia necessidade de me relacionar no virtual se o meu modelo de trabalho era muito presencial. YouTube não existia, acreditem. Usava meu portal para propagar vídeos com conteúdo para vendedores e líderes e era um dos sites mais visitados no Brasil. Começava minha carreira em Portugal, quando dei minha primeira palestra remunerada pela Vodafone e Recer, logo depois de ter feito evento na EGP, escola de Gestão do Porto, como professor convidado.

Hoje, vejo com clareza o quanto foi duro chegar em 2009 com tantas realizações, e ainda mais, em 2019, com um mundo de oportunidades que se apresentam diante de meus olhos, pelo simples fato de eu ser uma pessoa inquieta, ligada no 220v como muitos amigos dizem. Todo ser humano é um pouco assim, inconformado, e sempre em busca de mais. Só que, para mim, não é mais uma questão de ter, e sim de ser.

O momento do mundo comercial onde eu vivo há 30 anos é complexo para quem não entende o que essa nova geração consome, suas futilidades, e a velocidade com que a informação transita, impacta e muda pensamentos. Todo mundo atualmente quer ter menos, pois existe uma lógica de que o mundo sustentável depende do compartilhamento de tudo, incluindo bens de consumo. Mas quem não tem nada acaba, de alguma forma, menos favorecido. Quando entramos no mundo do trabalho, dinheiro é importante para realizar sonhos. Conquistas como comprar um carro, uma casa, e ter uma formação acadêmica conceituada não são mais tão importantes como ser parte de alguma ideia revolucionária, empreender, fazer o dinheiro trabalhar a seu favor. Não trabalhamos mais para ganhar dinheiro... temos que fazer o dinheiro trabalhar para nós.

O meu "ser" hoje, e acho que o de muitos jovens ou até mesmo dos mais velhos, é ter relevância na vida dos outros. Ensinar pessoas é um caminho para isso. No entanto, todo mundo hoje tem voz, é especialista, sem ser. Por isso, fica muito mais difícil ser mestre.

Em dez anos, surgiram diversos mestres mundiais, Tony Robbins, Jeffrey Walker, Steve Jobs etc. Os mais velhos lembrarão de Peter Drucker, Napoleon Hill, Ram Charan, Dale Carnegie, Frank Bettger, sendo que esses dois últimos me inspiraram absurdamente na criação de minhas teorias e práticas em vendas e nas relações interpessoais.

Mas os mitos que viram realidade me fazem temer o futuro. Está tudo muito artificial, banal, até enganoso no mundo de quem ensina pessoas. Não serei mais um aqui a criticar a onda de coaches, porque respeito o papel de um coach, em sua essência, que ajuda seus coachees a terem uma resolução melhor de seus problemas e barreiras pessoais e profissionais. Mas existem falsos profetas, como previsto no livro sagrado, que se manifestam pela ganância e pela vaidade, profetizando aquilo que nunca existiu ou pode ser atingido no tempo e espaço propostos. Profecias canalhas de que se pode enriquecer em sete dias, ganhando sete dígitos com fórmulas de lançamento, fundamentadas em marketing apelativo com propostas genéricas que apelam para o emocional, tocando as pessoas no que elas mais gostam de ouvir: tenha o sucesso sem muito esforço.

Caramba, será que este é o início do fim? Uma geração que banaliza décadas de estudo de marketing, usando técnicas que já existiam, adaptadas para o mal, para benefício próprio. Será que os mestres de hoje não são mais aqueles que estudaram muito, construíam reputação com casos reais de muito trabalho, de inovação, de remodelagem de processos e estratégias para conquistar mercados, com ética e lisura? Professores ganhando mal, mas palestrantes do mal ganhando muito. É isso que viveremos hoje, amanhã, daqui a dez anos.

Para se credenciar no mundo digital, como uma especialista, basta ter uma história heroica hipotética (não precisa ser real), uma disponibilidade absurda de falar em um minuto nos *stories*, centenas de vezes por mês, fazendo lives de uma a duas horas com argumentos que beiram uma lavagem cerebral, usando iscas mentais e, por fim, aplicar a técnica do eu te ajudei sem querer nada de volta, e te darei ainda muito mais. Assim, você cria tráfego, audiência para seu nome, vira uma espécie de tutor digital e converte tudo isso para um curso online no qual as pessoas têm seu dinheiro de volta se não gostarem.

Basicamente, esse método explica por que Ubers, maquiadoras, digital *influencers,* e todos que quiserem, podem ser mestres e viver de produtos online.

Meu filho é fã de muitos youtubers da moda, incluindo os irmãos que ficaram milionários e compraram uma mansão só para gravar vídeos. O que ele vê nesses moleques nem eu sei. São engraçados, criativos, falam bobagens, divertem as crianças, falam sobre games, contam piadas, destacam coisas malucas que acontecem pelo mundo, incluindo desafios, brincadeiras, danças, hábitos que viralizam na internet.

De fato, eles são muito bons. Como vendedores, criaram um público fiel, que consome porcarias, mas se sente feliz, porque se sente parte do processo de construção de ideias, terminando por ser youtubers também. Sim, meu filho tem um canal e replica coisas com o estilo desses principais youtubers.

Já no mundo corporativo, por onde ando há muito tempo, o negócio tem sido uma prática constante de marketing digital com SEO, ou curadoria, usando ferramentas do Google e do LinkedIn como fonte de geração de *leads* para um *copywriter* (ou processo de nutrição e conversão dos *leads* em clientes).

Empresas investem milhares de dólares em *clicks* no Google AdWords, nos impulsionamento de YouTube e Instagram, para serem vistas, consideradas como opção de compra, relevantes, compradas e indicadas.

O mundo online tomou o lugar do offline, e essa crescente mudança acabará com muitas profissões e negócios. Locadoras de carros não precisarão de atendentes já que o cliente imprime o contrato no totem ou baixa o documento no smartphone. Basta se dirigir ao estacionamento e pegar o carro, com as chaves no contato e com o código de barras que libera a cancela do estacionamento para rodar livremente. Isso já acontece nos EUA há alguns anos.

Floricultoras online vendem 80% mais que lojas físicas. A Amazon já está forte no Brasil, sendo que mais de 50% das pessoas gostam e confiam em comprar online. Nos EUA e na Europa, compras de supermercado são feitas com um clique no *token*, isso quando a geladeira não avisa diretamente que acabou o leite, a cerveja, o suco etc. Lavadoras de roupas também fazem compras online, quando acaba o sabão ou amaciante, caso o cliente ative essa função. Há inteligência artificial em tudo que estiver conectado por meio de um *gadget* (dispositivo) IBM, Microsoft, Apple, Amazon ou Google.

Isso quer dizer que em dez anos nós mudamos radicalmente:

- Nossa postura de consumo;
- Nossa forma de aprender e se entreter;
- Nosso posicionamento comercial;
- Nosso modelo de marketing;
- Princípios e valores devido à acirrada competição que se instalou.

Dito isso, vamos repensar nosso modelo de vendas?

Primeiro, quero enfatizar que o mundo depois dessa revolução digital não destruirá o poder do lado relacional. As pessoas não são máquinas e nenhuma inteligência artificial será capaz de substituir aqueles que se adaptaram às tecnologias, mas evoluíram muito no lado da sensibilidade e do acolhimento ao cliente. Pessoas são a alma do negócio, porque a propaganda, como se dizia, deixou de ser o principal.

Na minha opinião, vendedores ganharam um novo patamar e precisam ocupá-lo com as competências necessárias para esse nível mais alto de exigência do cliente. Vender, de fato, não será mais empurrar, ofertar, falar bem. Técnicas e estratégias com enfoque no relacional serão mais efetivas do que as que se concentram na apresentação de um produto ou serviço.

Como fazem os marqueteiros de hoje, temos que dar muito mais antes da venda, isso não quer dizer comprometer seu lucro, sua ética, seu resultado, desperdiçando recursos ou prometendo o que não se pode cumprir.

Teremos que suar mais, preparar melhor as ferramentas de vendas. Ter processos que misturem o mundo digital como o ambiente de acolhimento personalizado que sua empresa tem, ainda que ele seja também online. Nunca ficar na mão do Google, LinkedIn, Instagram ou Facebook. Nenhuma mídia social pode ser o seu ambiente de negócios. Podem servir como corredor, mas não como sala de estar do cliente. Seu site, ou loja física, deve receber seus clientes, e lá fecharemos negócios.

Investir em formação de equipes de vendas com técnicas avançadas, que transcendam o básico, o treinamento técnico de produto, as apresentações manjadas e imitadas por todos os seus concorrentes. Temos que ser "raros", extraordinários, se quisermos competir e vencer. Por isso, o olhar do diretor comercial e do gerente de vendas deve estar na melhor forma de seleção e formação de uma equipe. Contratar bem, formar bem, motivar bem para reduzir o *turnover* altíssimo, em geral, será uma questão de sobrevivência no mundo dos negócios.

> **VENDEDORES SÃO O CORAÇÃO DO LUCRO, PORQUE O DINHEIRO ESTÁ NA MÃO DO CLIENTE, NÃO NO ESTOQUE DE SUA EMPRESA.**

Na China, consumidores dizem que querem comprar uma bicicleta, por exemplo, e dezenas de empresas correm atrás desse cliente oferecendo produtos. Não é o cliente que compra, é o que for mais rápido e com a melhor proposta de preço ou de valor, que vende.

Sempre haverá clientes comprando por preço quando o produto ou serviço não tiver nenhum diferencial ou valor agregado, como um serviço especial associado, estrutura e tradição da marca, uma relação de confiança ou esforço extra de quem vende.

Por isso, uma forma importante de rever seu modelo comercial está em listar o que te diferencia de todos os seus principais concorrentes, sem pensar no produto ou no serviço que vende. De dez anos para cá, muitas empresas, segundo Jim Collins, enfrentaram crises e venceram, ao passo que outras morreram por não terem diferencial nenhum. Jim Collins é autor de *Empresas Feitas para Vencer*, *Como as Gigantes Caem*, entre outros livros.

O que mais me chama a atenção, analisando este mundo de mestres sem história alguma e empresas sem nenhum diferencial, é que eles cairão antes dos próximos dez anos. Essa onda de banalização do conteúdo e da pulverização de confiança se dá pelo envelhecimento daqueles que têm tradição, mas ainda não se deram conta de que estão perdendo o jogo para um adversário muito menor e menos competente. E mesmo que já tenham se dado conta, não sabem bem o que fazer.

Vicente Falconi, em seu livro *O Verdadeiro Poder*, destaca que "nós, seres humanos, somos avessos às mudanças. Sempre que saímos da rotina, nós nos cansamos e nos estressamos. No entanto, estamos num mundo de mudanças contínuas, e nossa própria vida é de um dinamismo às vezes assustador."

Em 2014, criei uma palestra chamada "Atreva-se a Mudar e Venda Mais". Foi a que mais realizei nos últimos cinco anos, dada a percepção do empresariado de que os tempos difíceis demandam mudanças drásticas de postura, do diretor comercial à "tia do café". Todos precisam mudar, melhorar, inovar, modificar processos e pensar no cliente como a unidade de lucro mais importante.

Sem ferramentas novas, o vendedor que tem, como eu, mais de 20 anos de estrada, não sobrevive ao mundo de hoje. Mas, quando se fala em mudar, existe um estresse muito grande.

Por isso, mais uma reflexão, sem querer lhe estressar: O que mudou em você e na sua empresa de dez anos para cá? Sua proposta, seus produtos, seu argumento? E se sua empresa não tem dez anos de vida, como muitas para as quais eu trabalho, tente projetar a mesma mudança olhando para os próximos dez anos, como uma espécie de exercício de futurismo.

Resumindo:

VENDER HOJE É ALGO MUITO MAIS DIFÍCIL E VAI PIORAR.

Venderá bem quem fizer coisas raras e que tenham valor agregado.

O mundo está muito impessoal, com a velocidade das coisas no campo da tecnologia e dos hábitos desta nova geração de clientes/consumidores.

Temos que nos adaptar, gostar de mudar. Atreva-se!

REFLITA O QUE MUDOU NA SUA EMPRESA E NA SUA VIDA EM DEZ ANOS E TENTE PROJETAR O FUTURO, ONDE TEREMOS CADA VEZ MAIS GENTE FAZENDO O QUE A GENTE FAZ SEM TANTA EXPERIÊNCIA E ÉTICA.

...

VENDERÁ BEM QUEM FIZER COISAS RARAS E QUE TENHAM VALOR AGREGADO

CAPÍTULO 4
SOMOS TODOS VENDEDORES?

...

Sim, e por quê?

Porque sem vendas não existe sucesso e toda empresa, ou negócio, deve focar o cliente, que, como já denominei, é a unidade de lucro mais importante.

Você já reparou quantas empresas grandes caem por uma liderança fraca e por falta de treinamento de todos que lidam com clientes? Mais de 70% dos clientes dessas empresas não são fãs de suas marcas nem tampouco fiéis, estimo. Em 2010, fiz uma pesquisa com mais de 200 lojas nos principais shoppings do Brasil, em capitais por onde estava fazendo palestras ou treinamentos e, conversando com aproximadamente 600 vendedores, obtive as seguintes respostas à pergunta: Por que o cliente deixa de comprar aqui e compra no concorrente?

- 41% — Porque o preço do concorrente é melhor;
- 18% — Porque não encontrou o que queria ou não gostou;
- 14% — Porque estavam só olhando;
- 23% — Não sei;
- 4% — Outras respostas menos significativas.

Para não confiar só na visão dos vendedores, decidi entrevistar clientes através de uma pesquisa online, feita com pessoas que recebem minha *newsletter*, aproximadamente 43 mil assinantes.

- 68% disseram — problemas de atendimento;
- 12% disseram — não gostar do produto;
- 11% — procuravam um preço menor;
- 9% — não se sentiram bem no ambiente da loja.

Ou seja, as respostas dos vendedores não batem com as respostas dos clientes.

Quando perguntei aos clientes por que eles decidiram comprar em outro local um produto que já viram numa primeira loja, foi destacado que atendimento e ambientes são mais importantes do que preço ou o produto/serviço em si.

Isso quer dizer que estamos formando maus vendedores e não nos preocupando com o acolhimento do cliente, com uma experiência positiva.

Todos somos vendedores a partir do momento que nos expomos ao cliente, mesmo que não seja numa loja de shopping ou no comércio de rua. Quem cuida da vitrine, do site da empresa, da recepção ou do telefone, deve atender com uma qualidade rara, com atitude e comportamento condizentes com o quão valioso é ter um novo cliente ou negócio para conquistar.

SOMOS TODOS VENDEDORES?

Segundo Frederick Reichheld, autor de *A Pergunta Definitiva*, a maioria das pessoas não dá mais do que a nota sete para a experiência de compra, e isso significa que não falarão bem, não voltarão a comprar, e, o pior, viram detratoras (falarão mal).

Chegou a hora de entender que o processo de conquista de um cliente, de sua retenção, não está apenas na mão do vendedor. Todos devem se comprometer e apoiar. Cooperação no mundo, hoje, é tão importante quanto a competição, instalada no mundo comercial desde que se inventou a venda.

Se você não se comprometer com o cliente, não está em conformidade com a cultura da maioria das empresas de hoje.

Aprenda a vender, ainda que sejam ideias, sua imagem, ou seus valores e propósitos como parte da alma do negócio ao qual pertence. Como líder, envolva outras áreas da empresa no próximo treinamento comercial. Crie premiações para todos que participam da construção de uma experiência de compra positiva aos olhos e ao coração de seus clientes.

Os clientes que respondem entre oito e dez à esta pergunta, que segundo Reichheld é definitiva: "De 0 a 10, você nos indicaria a um amigo?", são seus clientes promotores, que falam bem e sustentam seu crescimento. Eles merecem ter vantagens e acesso a novidades antes dos demais. São clientes fiéis.

Não contrate pessoas que dizem que não são vendedoras, se elas vão lidar com clientes, mesmo que seja no suporte, no pré e no pós-venda. Todos somos vendedores e isso determina uma nova atmosfera de postura, atendimento, comportamento e resultado na sua empresa ou negócio.

∎ ∎ ∎

SE VOCÊ NÃO SE COMPROMETER COM O CLIENTE, NÃO ESTARÁ EM CONFORMIDADE COM A CULTURA DA MAIORIA DAS EMPRESAS DE HOJE

CAPÍTULO 5
VENDAS SERÃO A CHAVE DE TUDO!

■ ■ ■

Imagine que não existem vendedores! O que seria do mundo se eles não existissem?!

Certamente, algumas pessoas devem ter pensado: "Seria um mundo melhor, com menos gente me incomodando ao telefone com ofertas inoportunas em momentos inadequados." Ou ainda: "Eu teria paz ao sair pelo shopping e faria minhas compras sem aqueles tipos pegajosos, que nos abordam sem que peçamos..."

Mas vamos mais a fundo. Não se restrinja a julgar que todo vendedor é assim: chato, oportunista, enrolador, pegajoso. Porque como vendedor que sou, garanto que não faz minha cabeça esse tipo de profissional, e também considero desagradável quando sou abordado por alguém despreparado que só quer empurrar um produto ou serviço.

Pensando que tudo a nossa volta um dia foi vendido para nós ou para alguém, paramos de encarar a venda como uma coisa ruim ou que não cabe dentro de nossas vidas profissionais ou pessoais. Na escola, nós nos vendemos para os amigos e, em especial, quando queremos conquistar o primeiro amor, temos que saber nos vender. Aprendemos a vender com nossos pais, quando precisamos convencê-los de algo, como dormir fora de casa ou ter aquele brinquedo tão sonhado em troca de algum esforço, como tirar boas notas na escola. Vender é gerar convergência de interesses.

A venda foi inventada na época dos fenícios, acredito. Se eu tenho um jarro e você tem um jarro, temos dois jarros e isso pode significar algo de valor para alguém que tenha algo. Ao longo dos tempos, a venda foi se aperfeiçoando, pois criamos um padrão de apresentação, negociação, barganha e fechamento de negócios. Quando comecei em vendas, há 28 anos, não havia internet. Usávamos a lista telefônica e tínhamos que vender de porta em porta. Onde tinha uma luz acesa, a gente oferecia. Vendi doce na rua, depois roupas, instrumentos musicais, matéria-prima de plástico para indústrias, seguros, imóveis, e, depois da faculdade, entrei em empresas de TI e Telecom, pois sou engenheiro eletrônico de formação. Grandiosos e caríssimos projetos envolvendo microcomputadores, servidores, softwares de gestão, equipamentos complexos de telecomunicações, serviços de infraestrutura e terceirização etc.

Se for mais a fundo, perceberá que as melhores coisas da sua vida um dia foram vendidas a você, mesmo que não tenha envolvido dinheiro. A venda de uma ideia é a venda mais complexa que existe. Convencer é uma arte que pouca gente tem o dom de fazer corretamente. Estamos sempre dispostos a ouvir quem tem algo de valor para nossas vidas. Uma ideia de valor não tem re-

■ **VENDAS, SERÃO A CHAVE DE TUDO!** ■

lação com um produto físico ou serviço em si. Tem a ver com o resultado que esses proporcionam ao final. Quando compramos uma boa coisa, não compramos a coisa, compramos a sensação, emoção ou resolução de um problema que ela nos proporciona. Esse é ponto!

O mundo em que vivemos clama por vendedores preparados. Clama por competição, concorrência, elevação de qualidade, diferenciação por resultado, meritocracia, capacidades únicas de comunicação e criação de valor.

Olhe para 20 anos atrás. Não tínhamos o uso da internet no patamar de hoje. Antes dos anos 2000, a internet era lenta, incipiente, uma simples forma de troca de mensagens (e-mails). Hoje, somos dependentes dela. Muitos negócios se baseiam em tecnologia e, mesmo assim, empresas não descartam os bons vendedores. Humanização no atendimento é o diferencial mais competitivo do mundo dos negócios. Em feiras de varejo no mundo, EUA e China, dois gigantes da balança comercial mundial, apostam que os negócios que sobreviverão a essa revolução tecnológica serão aqueles que inovarem, investirem em modelos de vendas com encantamento de clientes.

Todos nós temos clientes, mesmo que sejam clientes internos em nossas empresas. A área de TI (Tecnologia da Informação) atende centenas de clientes (usuários) de sistemas e computadores na empresa. Deve-se prestar o serviço com agilidade e nível em um patamar de resultado esperado. O financeiro da empresa age da mesma forma, pois desta área depende o fluxo de faturamento e produtividade do negócio. Todos que lidam com a cadeia produtiva de vendas da empresa, que impacta no resultado, são vendedores. Portanto, devem pensar como pensa um vendedor.

Vendas não é uma coisa tão difícil assim de se fazer. Fazemos o tempo todo. A pior venda que existe é quando não conseguimos nos vender para nós mesmos.

Aprendi durante todos estes anos como profissional da área de vendas — vendedor ambulante, de pequenas empresas, muitas vezes de porta em porta, até chegar à gerente e diretor comercial de grandes empresas nacionais e multinacionais — que a arte da venda era o que me realizava, que me dava fôlego para realizar meus projetos pessoais. Cada não, cada falha, cada dificuldade servia como válvula propulsora para eu persistir. Havia sempre um novo desafio a minha frente, em cada empresa por onde passei, sendo ou não líder era divertido e prazeroso ter que me superar, atingir metas, apostar no incerto, fazer diferente, melhorar o processo e a atitude para conseguir convencer as pessoas ou clientes em potencial.

O grande vendedor nunca pensa em fazer a venda por fazer, apenas pela comissão. É preciso sentir que fez o seu melhor, que fez o outro feliz, que todos ganharão com aquela relação de confiança.

VENDAS, SERÃO A CHAVE DE TUDO!

Certamente, ao ler esse trecho sobre mim, você deve ter pensado: ele está se autopromovendo ou me contando algo que não tem a ver com a minha realidade.

Mas eu explico: não tem nada a ver comigo ou com querer me promover. Tem relação com a reflexão que desejo lhe proporcionar. Você, se já é vendedor, lê essa história como fonte de inspiração, mas este livro é para aqueles que não são vendedores e que precisam acordar para essa nova demanda em qualquer área. Todos somos vendedores e precisamos assumir o controle de nossas empresas, carreiras, metas e barreiras para superar.

Tenho apenas 43 anos, comecei a vender com 13. A vida me colocou neste caminho, que confesso, nunca sonhei para mim. Mas foi perfeito, pois não existe outra forma de ver o sucesso sem que eu tenha inserido a habilidade de vender em minha vida.

Não me refiro aqui a ser bem-sucedido como empresário ou como administrador. Ou ainda, se você é médico, advogado, dentista, arquiteto ou pintor. Você pode ser perfeito tecnicamente, com toda a formação acadêmica ou da vida para desempenhar muito bem sua função. Mas, se não souber mostrar para o mundo, vender-se e criar valor para sua imagem, para seus serviços e produtos, passa a ser mais um na multidão. Milhões de novos médicos, advogados, arquitetos etc., se formam por ano. Um médico, por exemplo, pode sair da faculdade e residência médica depois de 6 a 8 anos de dedicação e ter de viver ganhando R$25,00 por consulta, que é o valor médio pago por planos de saúde. Conheço dezenas de engenheiros que nunca conseguiram ter sucesso, e que se transformaram em vendedores, em muitos casos de segmentos ou produtos desqualificados e ganham muito pouco.

Treinei mais de 100 mil profissionais liberais em 20 anos, e vi de perto a transformação de suas vidas. Dentistas, médicos, contadores, donos de lojas e franquias, e, claro, suas equipes de vendas e de atendimento. O centro desta reflexão não está em mim ou em você, mas naquilo que nós proporcionamos com o nosso trabalho.

Em todas as minhas palestras, eu digo: "Não venda um produto ou serviço! Venda aquilo que ele proporciona ou para que serve ao outro." Se essa lição fizer parte da reflexão que quero proporcionar a você, já ficarei satisfeito de ter publicado meu artigo neste livro e ter sido um dos organizadores desta obra.

Saúde, conforto, bem-estar, valorização do seu capital, qualidade de vida, segurança, realização de sonhos, tranquilidade, evitar sofrimentos... é isso que as pessoas querem. O que é que você realmente faz nesse sentido? Por que comprar você, seu produto ou sua empresa? O que você deixará como resultado para seus potenciais clientes ou amigos?

Quando colocamos a nossa mensagem central nesse plano diferenciamo-nos de 90% de nossos concorrentes. Isso mesmo,

VENDAS, SERÃO A CHAVE DE TUDO!

concluí depois de tanto tempo treinando vendedores, ou não vendedores, que só 10% sabem vender pelo que não se pode ver. Tiram o produto, o serviço e criam uma mensagem irresistível de venda.

Imagine que eu lhe diga: Eu trabalho com o aumento de suas vendas! Você pode se sentir interessado em saber mais sobre mim, porque é isso que eu penso quando acordo. Que o meu trabalho só tem um sentido: aumentar o volume de vendas e de lucratividade de meus clientes.

Se você tem uma loja de roupas, você trabalha com prazer, com a imagem, com status, reconhecimento, beleza etc.

Se você vende seguros de vida, você trabalha com tranquilidade, segurança, capitalização, suporte familiar.

Se você trabalha com máquinas industriais, você gera produtividade, economia, segurança, menor taxa de retrabalho.

Certamente, "as melhores coisas da vida, não são coisas", como diz Art Buchwald, um grande humorista norte-americano e autor de diversos livros e frases célebres publicadas no prestigioso jornal *The Washington Post*.

Voltemos, portanto, a pensar: E se não existissem vendedores no mundo? Quando penso no mundo sem vendedores, vejo um mundo sem distribuição de riquezas, com menos emprego, menos competição e qualidade de vida, e no quanto muitos dos avanços que tivemos não seriam possíveis, porque ninguém contaria ao mundo, de forma tão especial, o valor que cada coisa tem, que cada produto ou serviço pode proporcionar.

Vender é uma habilidade que se desenvolve, pode acreditar nisso. Transcende uma função ou posição na empresa. Seja vendedor, vendedora! Basta contar aos outros as maravilhosas coisas que você pode proporcionar, falando em termos de benefícios, ganhos, resultados.

Uma das melhores formas de ter sucesso em vendas, independentemente da área, segmento de atuação, porte ou tamanho de sua empresa ou negócio, é simples: torne o "porquê" mais importante que o "como" e o "que" você faz.

Quando um vendedor ou empreendedor define o porquê, ou seja, sua missão como profissional, ele tende a comunicar valor, não preço.

Devem existir dezenas de concorrentes que fazem o que eu faço por um preço menor. Procure no mercado e encontrará gente que vende por desconto. Mas, se quiser resultado, fale comigo.

Os clientes buscam resultado ou preço? Depende do seu negócio, questione-se. Será que não foi você, ou as empresas do seu segmento, que ensinaram o cliente a comprar assim? Será que não é hora de reeducar o mercado a perceber o seu valor?

Você pode até perder clientes barganhadores, mas ganhará outros de valor estratégico, parceiros, que pagam mais. Simplesmente porque recebem mais.

VENDAS, SERÃO A CHAVE DE TUDO!

LISTE COM SUA EQUIPE OU FAÇA ESSE EXERCÍCIO SOZINHO:

1	Você teme abordar pessoas que podem ser seus clientes potenciais? Para vencer essa barreira e se tornar um vendedor de sucesso, você terá que criar uma mensagem cativante, centrada em levar coisas boas aos outros. Vender é fazer as pessoas felizes. Se você pensa assim, fica mais divertido vender.
2	Quais são os mais importantes diferenciais do meu negócio que justificam o preço que eu cobro? Você deve ter uma lista com pelo menos três argumentos. Encontre-os!
3	O que somente eu e/ou minha empresa/produto/serviço temos? Se não tiver nada especial, crie! Serviços extras, algo que demonstre um tratamento especial, ainda que seja o seu jeito de atender, de dar atenção e suporte para que o cliente atinja o resultado que ele precisa ou espera ter.
4	Minha proposta comercial falada ou escrita tem estes cinco elementos: Fatos + Benefícios + Evidências + Aplicação + Tentativa de fechamento imediato? (Vou explicar como fazer isso a seguir).
5	Quando surge uma objeção, me incomodo emocionalmente e transpareço abatimento e indignação? Torço para que isso não aconteça, mas é hora de mudar o seu programa mental para ser um grande negociador. Objeção e um sinal de compra, não aversão. O cliente quer comprar e está dizendo na mensagem subliminar: "Me convença um pouco mais"
6	Você tem segurança para fechar negócios ou teme fazer uma pergunta como esta: Não vamos mais adiar essa grande oportunidade de negócio. Vamos assinar o contrato agora? Se você teme, precisa lembrar da primeira dica dada na primeira questão: você está fazendo algo bom para esta pessoa ou empresa. Por isso, não adie mais o negócio!
7	Por fim, para ter sucesso em vendas é preciso: cuidar do cliente! Você liga para seus clientes depois da venda para saber se ficaram satisfeitos, se atingiram o resultado desejado? Se não o faz, você está perdendo uma grande oportunidade de retê-los e torná-los fãs. Mesmo o cliente que não ficou satisfeito gostará muito da sua atenção e você pode reverter essa insatisfação se colocando ao lado dele. Ele reclamará mesmo, por isso, é melhor que tenha você como ponto de contato.

Como podem ver, essas questões seguidas de aconselhamentos podem ser úteis para quem é vendedor ou não. Nas relações humanas, precisamos de tudo isso. Comunicar-se bem, despertar interesse, ser diferenciado, ter boa capacidade de convencimento, superar barreiras e objeções, liderar o processo de decisão e ajudar as pessoas a serem mais felizes com o que temos para elas.

∎ ∎ ∎

A PIOR VENDA QUE EXISTE É QUANDO NÃO CONSEGUIMOS NOS VENDER PARA NÓS MESMOS

CAPÍTULO 6
QUE TIPO DE VENDEDOR NUNCA ESTÁ DESEMPREGADO?

Quero dividir com você meus pensamentos sobre como aumentar seu desempenho, sua motivação e sua empregabilidade no mercado de trabalho em vendas.

É importante destacar que vendedores trocam de empresa demasiadamente rápido por diversos motivos. Dentre eles, demissão por falta de resultados ou mesmo por decidirem migrar para outra empresa ou negócio que lhe proporcionem melhores resultados financeiros.

Assim, vendedores novatos, em especial os que atuam em varejo como shopping centers, ou os mais experientes representantes comerciais, vendedores corporativos (B2B) e profissionais de nível gerencial, apresentam altos indicadores de rotatividade.

Tanta instabilidade e falta de compromisso com os negócios da empresa resulta em um ciclo de fracasso, gerando instabilidade e queda de vendas.

Por outro lado, a empresa passa a desconfiar de sua equipe por senti-la vulnerável e à mercê de pessoas que não se comprometem com suas metas, passando a enxergá-los como vendedores descartáveis ou pouco duráveis.

Em geral, custa muito caro contratar e treinar profissionais para depois demitir ou perdê-los.

Assim, as empresas estão preferindo profissionais em formação ou pessoas que nunca atuaram em vendas, mas que têm uma atitude mais positiva e séria, não visando apenas os ganhos financeiros.

QUE TIPO DE VENDEDOR VOCÊ PREFERE SER OU CONTRATAR?

O profissional deve pensar em sua carreira de acordo com seus objetivos de vida e trazer para o seu dia a dia essas metas.

Aquele que consegue ter um ciclo de sucesso visa sua carreira como parte de uma negociação e tem suas metas e conquistas focadas no negócio ou empresa em que atua.

Sucesso e trabalho têm como consequência, dinheiro. Assim, o começo da carreira deve ter como foco o aprendizado e o ganho suficiente para o sustento.

Entre vendedores, é comum profissionais se perderem em meio à ambição, que pode se transformar em ganância, perdendo inclusive o senso comum no que diz respeito à escala de valores essenciais como responsabilidade, compromisso e ética.

Entretanto, quem atinge o sucesso sabe que o dinheiro é secundário e vem quando fazemos bem o nosso papel, quando pertencemos a um grupo e nele atuamos com prazer e vontade.

O preparo deve sobrepor o impulso radical da gana. E a educação se faz mais necessária do que a improvisação do vendedor de segunda linha, que age como um "faz-tudo".

E quem faz tudo, porta-se como um pato que anda, nada, canta e voa, mas não é nenhum exemplo naquilo que faz.

UM FATOR CRÍTICO PARA O SUCESSO: CANSAÇO MENTAL.

Um dos fatores que mais afetam o emprego do vendedor e do gerente de vendas é o tal cansaço mental. Ele se traduz na estafa do cotidiano duro, no estresse somatizado pelas perdas e pela árdua rotina de prospectar, conquistar clientes e mantê-los satisfeitos, sobretudo, na necessidade da obtenção das metas e objetivos essenciais em vendas.

Muitas vezes me peguei sem vontade de levantar da cama para trabalhar, talvez você já tenha sentido isso. O que traz esse desânimo ou cansaço é a falta de objetividade naquilo que temos de bom pela frente. O foco nos problemas e nas barreiras nos tira o desejo de vencê-las, e nos abate. Para evitar tudo isso é preciso ser maior que o problema e eliminar atitudes e comportamentos limitantes, pessimistas e quase sempre rotineiros modos ineficazes de fazer sua venda. Se não deu certo antes, ótimo! Ainda está por vir o melhor. Sempre há um meio de se conquistar o sucesso.

Imagine aquele dia que se levantou bem cedinho, recorreu a um planejamento feito no dia anterior para prospectar clientes ou fazer vendas mais bem elaboradas àquela clientela rotineira e pôs em prática novos argumentos, melhores discursos e apresentações comerciais, contudo, teve um melhor desempenho como fruto de todo seu nobre empenho. O resultado foi excepcional, fez mais vendas e com mais lucro e melhores comissões. Ao fim do dia, chegou a sua casa bem cansada(o), mas com o sentimento de dever cumprido, satisfação total. Seu cansaço é físico ou mental? Você sentirá vontade de ficar em sua cama no dia seguinte? Tenho a certeza que não. O estresse não é produto de muito trabalho, mas de muitas pendências e insucessos naquilo que fazemos. Para se livrar dele, seguem dicas poderosas e que me ajudam como vendedor há 20 anos:

QUE TIPO DE VENDEDOR NUNCA ESTÁ DESEMPREGADO?

DICAS PODEROSAS PARA SE LIVRAR DO ESTRESSE:

1	Procure ser maior que seus problemas, afinal você é o protagonista da sua história de sucesso. O problema lhe trará o contrário.
2	Invente novos meios de falar, mude sua maneira de vendas, sua abordagem e procure entender o que motiva o seu cliente a comprar. Venda ganhos e benefícios para marcar mais visitas ou conquistar mais clientes pelo telefone ou no contato em sua loja.
3	Estude mais seus produtos e serviços e faça um mapeamento de oportunidades para cada perfil de cliente. Não trate todo mundo da mesma maneira, isso pode lhe proporcionar perdas (de tempo, da atenção do cliente, do interesse em comprar).
4	Coopere com o inevitável (esse é um princípio de vida ensinado por Dale Carnegie no livro *Como evitar preocupações e começar a viver*). Nem tudo dará certo e algumas coisas, quando estão erradas, ajudam-nos a melhorar e a refazer bem-feito da próxima vez.
5	Aceite-se como vendedor(a) e faça suas vendas com convicção. Chega de temer o contato inicial, pensar que está amolando os outros, agir com insegurança e de forma imprecisa. Um(a) profissional de sucesso tem brio, coragem, fome de resultado e faz seu trabalho com paixão e preparação.
6	Influencie as pessoas a indicarem você, por isso se relacione bem. Um vendedor investe seu tempo ocioso nos relacionamentos duradouros, encarando clientes como seus amigos e melhores vendedores.
7	Nunca deixe que uma derrota temporária (a falta de vendas em um determinado momento) ou o excesso de esforço seguido de um baixo resultado sejam mais importantes que a sua capacidade criativa, motivadora, inspirativa. O ser humano é uma máquina poderosa de superação quando decide por convicção e paixão viver como tal.

Qual é seu motivo para ação? Quais as causas que lhe motivam ou te acomodam?

Motivação não existe quando nosso trabalho se resume a execução de tarefas e cumprimento de metas da empresa. É preciso ter "CAUSAS" para ser uma pessoa automotivada e que não se limita a números predefinidos. Em vendas, vale muito aquela expressão "o céu é o limite", afinal vendedor faz seu tempo e salário. No entanto, isso pouco ocorre na prática, e posso assegurar a você, leitor, que a maioria das equipes de vendas é formada por pessoas que não ultrapassam seus limites, tampouco ousam superar as metas impostas pela empresa, temendo que, se fizerem isso, no mês seguinte seu chefe as aumentará em definitivo. É um desperdício ver tanta gente talentosa em vendas, que pode muito mais, ficando em zona de conforto e evitando seu próprio bem, com mais dinheiro no bolso, reconhecimento e ascensão profissional.

Certa vez, quando iniciei como vendedor em uma empresa de informática, fui logo investigando com meus colegas vendedores qual era a média de vendas de quem mais vendia e nos primeiros três meses eu coloquei aquilo como objetivo. Em 90 dias eu estava prestes a superar essa média, porque me dediquei demais e fiz um bom trabalho com clientes que já tinha de outras empresas do ramo. No entanto, era muito jovem e ambicioso e fui surpreendido por um vendedor mais velho de casa, que estava entre os que mais vendiam, quando ele me disse: "Marce-

QUE TIPO DE VENDEDOR NUNCA ESTÁ DESEMPREGADO?

lo, nem pense em colocar todos esses pedidos neste mês, porque superará a meta que a empresa nos dá e, portanto, correremos o risco de ter nosso objetivo mensal aumentado." Daí, ele mesmo me explicou que por diversas vezes deixava para pôr o pedido de alguns clientes no mês seguinte, evitando tal problemática.

Deste dia em diante, entendi que ambição e superação nunca podem terminar para o vendedor e que, se eu tivesse dado ouvidos ao veterano naquela empresa, ficaria no time dos acomodados e não cresceria pessoal e profissionalmente. O que me fez decidir por isso: as CAUSAS que eu tinha para fazer meu trabalho. Precisava pagar meus estudos, ir para faculdade e ajudar minha mãe em casa. O dinheiro era já curto demais e eu ainda queria conquistar minhas metas como viagens, comprar meu carro, vestir-me bem etc. Mas a mais importante causa era o prazer de vencer barreiras, de fazer bem-feito, de ser reconhecido. Em menos de um ano na empresa, eu me tornei gerente comercial e chefe de pessoas que tinham mais tempo em vendas do que eu tinha de vida. E mais, eu fui para alguns deles uma inspiração para mudarem suas zonas de conforto, ajudando-os a retomar a paixão por vender, o prazer de crescer, a motivação: um motivo para a ação.

Ninguém levanta todo dia cedinho e sai para vender se isso for um sacrificante trabalho que fará porque precisa somente pagar suas dívidas. Fazemos isso porque não há outro jeito, mas essencialmente todos devem se perguntar: O que me motiva?

Uma vez, um grande vendedor que conheci em uma das minhas palestras me disse: "Nenhum garoto novo aqui na empresa é mais motivado que eu quando meus três filhos pulam na minha cama e me acordam dizendo: papai, vamos acordar que o senhor precisa trabalhar e vender muito!" (ele me disse ter combinado isso com os filhos já que os levava à escola logo cedo). O pior, dizia ele: "É quando o mais novinho, que mal falava espontaneamente, perguntava-lhe quando chegava a sua casa: 'E aí, papai, vendeu hoje?'" Ele me disse que isso o corroía por dentro nos dias que não tinha vendido. Portanto, mesmo com metas batidas, você acha que esse vendedor pararia? Ele mesmo disse que nunca limitava suas metas, afinal tinha três motivos para ação que o acordavam logo cedo, sem se preocuparem se já havia conseguido ou não.

AJA COM ENTUSIASMO E SERÁ UM ENTUSIASTA.

Por isso, o vendedor que nunca está desempregado é aquele que tem ética, acumula conhecimento, habilidades e atitudes proativas. Além de estar sempre preocupado em se formar nesta profissão com o apoio de outros líderes que lhe deram uma boa escala de valores e objetivos para prosseguir.

...

SUCESSO E TRABALHO TÊM COMO CONSEQUÊNCIA, DINHEIRO

CAPÍTULO 7
VIVER E VENDER SE APRENDE: VIVENDO

■ ■ ■

É comum ver nas equipes de vendas a turma dos médios, dos medianos, ou por que não dizer dos medíocres.

Quem vive na média por ser considerado medíocre?! Eu sempre digo em palestras: Mire os melhores para estar entre eles.

Eu já estive entre os medíocres, sei como é mais fácil se acomodar neste grupo e arrumar dezenas de desculpas para não superar metas e objetivos. Quem não tem obstinação pelo resultado e indignação pela falta dele, é forte candidato a ser parte do time dos médios.

Não existem maus vendedores, só bons, diz meu mestre Tejon. Uns vendem para fora (para os clientes) e outros vendem para dentro da empresa, explicando para seu chefe por que não dá para vender.

Tudo na vida é uma questão de escolha. A motivação vem das escolhas que fazemos, mas sempre estamos motivados a algo. Os vagabundos são motivados... seduzem. Os maus-caracteres são muito motivados a fazer o mal.

Um dos segredos para se tornar um profissional do bem é andar com gente do bem. Mire os melhores e será um deles, é assim que eu sempre pensei.

Se andar com a turma da empresa que diz: "Não coloque esse pedido este mês, que aumentarão nossas metas", limitará seu crescimento individual e perpetuará a mediocridade coletiva.

Se mantiver o pensamento na defensiva, buscando sempre retóricas para explicar por que suas vendas não vão bem, sempre se tornará refém de crenças limitantes, aquelas que impedem seu crescimento.

Quando mudar duas coisas: seus modelos inspiradores e o quanto você acredita em você, terá mudado o seu destino no mundo das vendas.

Uma regra que coloquei em minha vida anos atrás é a de iniciar meu dia sempre com uma meta associada a um plano. Ter um objetivo diário é o que nos dá sentido como vendedores. Vendas sem metas não existem. Vendedores sem planejamento não sobrevivem muito tempo, ainda mais em tempos de competitividade cada dia mais acirrada.

> **UMA META PRECISA SER BATIDA, É ASSIM QUE PENSA O OBSTINADO CAMPEÃO DE VENDAS.**

VIVER E VENDER SE APRENDE: VIVENDO

Conheci muitos vendedores de sucesso, e neles sempre identifiquei a questão de organização e administração do tempo. Um grande vendedor não se levanta da cama para brincar, para desperdiçar seu tempo. Ele sabe que o tempo joga contra si, e que precisa realizar as coisas por questão de sobrevivência e de realização pessoal ao mesmo tempo.

O tempo é implacável, certo? Ganhamos experiência, maturidade e serenidade com o passar dos anos. Só seremos bem-sucedidos nas vendas, na obtenção de metas essenciais no mundo comercial, se soubermos administrar bem o tempo, nossas ansiedades e traçarmos metas em todas as áreas da vida, tanto no campo pessoal como no campo profissional.

Bons vendedores, novatos ou não, sempre assumem metas, desde os primeiros minutos na empresa, independentemente de seus chefes já as terem definido. É na meta que mora a "causa" para o sucesso.

Não adianta correr se não sabe para onde está indo! Por isso, independentemente do seu modelo de vida e tempo de experiência em vendas, assuma metas e determine prazos para isso ocorrer. Compare as vendas com a sua vida e verifique se tem estabelecido tempo para atingir seus objetivos pessoais. Geralmente, quem pratica o estabelecimento de metas pessoais, atinge metas empresariais com mais facilidade. Lembre-se: nossa vida é como um veleiro, mudando dois milímetros no leme na partida, podemos nos distanciar quilômetros na chegada.

Se você é vendedor como eu, que vive de vender e de se relacionar, valorize-se. Estamos na era da sensibilidade, das vendas consultivas, do Marketing 3.0 de Philip Kotler, pai do marketing. Nesta era, vale mais a relação e a experiência do cliente, do que o próprio produto ou serviço que vendemos. Cuidar do cliente é garantir pão e leite em sua mesa e na de dezenas, centenas ou milhares de trabalhadores que lhe cercam em sua empresa. É o momento do profissional estudante também, pois não vendemos como há dez anos. Vale, hoje, aquele que sabe falar em termos do interesse do consumidor, não dos seus, ou os de sua empresa.

Qualquer pessoa pode vender muito bem e se já o faz pode melhorar ainda mais ao focar o lado emocional de qualquer relação de compra e venda.

Ninguém quer saber o que você sente, o que você ganha, o que você tem. As pessoas querem saber quanto você pode proporcionar a elas ou às suas famílias, bem como à empresa e seus sócios, como aquilo que venderá para eles.

Um vendedor campeão tem domínio técnico e argumentação variada a cada situação, para atrair clientes independentemente do cargo, porte, ramo ou poder aquisitivo. "Tudo que é produto de negociação é negociável", diz Herb Cohen, um dos melhores negociadores do mundo.

Estude bastante, invista na sua capacidade de vendas para se vender, para vender sua imagem, sua empresa, seus maravilhosos produtos e serviços.

VIVER E VENDER SE APRENDE: VIVENDO

Vendedores de mão cheia aumentam sua empregabilidade e podem atuar onde quiserem, até mesmo fora da área de vendas, que serão sucesso.

A FV ensina a vender, foi assim que aprendi. Refiro-me a faculdade da vida. Mas você não precisa aprender com erros, porque meus maiores mentores em vendas e os melhores treinamentos que fiz, abreviaram muito o meu sucesso.

Quem você quer ser? Um mestre ou um aprendiz?

Na vida, escolhas são soberanas. Você pode ser protagonista ou coadjuvante, você pode ser um solucionador de problemas, ou uma vítima do mundo. Tejon, um mestre para mim, diz: "Nosso destino é como um cavalo em disparada. Podemos montar e assumir o controle ou seguir presos a ele, sendo arrastados e pisoteados."

Muita gente negligencia sua própria história, fazendo o uso das velhas retóricas e explicativas para tentar justificar o insucesso em vendas. Vendedores e líderes, em especial, não são profetas trágicos. São positivos por natureza e proativos por excelência. Mestres criam campeões de vendas, e para tanto precisam se comportar como tal. Nada motiva mais uma equipe do que ver seu chefe trabalhando com ela, agindo como se deve, sendo um exemplo. Mas, aqui, neste capítulo, minha reflexão não tem nada a ver com o cargo, ou com a liderança percebida pela hierarquia que se tem no mundo empresarial. Quero que você reflita sobre sua postura, atitude e comportamento na liderança pessoal, na sua conduta diária e na forma como determina o que é certo ou errado, o que funciona ou não funciona, o que lhe traz resultado ou não. Não existe certo ou errado no mundo comercial, existe resultado. Se positivo, confirma que fez o que era preciso fazer, mas se for negativo ele lhe afasta de onde deveria estar, e cabe a você mudar a rota e liderar sua vida.

Um grande mestre de vendas sempre sabe disso. Que as pessoas que o cercam têm metas e objetivos diferentes na vida, e ainda motivações e permissões que muitas vezes não fazem o menor sentido para si. Se a riqueza está nas diferenças, como diz Stanislaw Lec, devemos nos respeitar e aprender a usar os modelos externos para nos aperfeiçoar e aprender nesta caminhada, que por sinal nunca é fácil. Viver com frustrações é um fato na vida do profissional de vendas. As negativas desmotivam, estressam, deixam a gente com menos energia. Entusiasmo vem de dentro como a própria definição da palavra (do grego), que significa "Deus em você". Por isso, na hora de decidir o que e como fará para chegar ao sucesso, cada um de nós deve ter consciência de nossas próprias incompetências e atitudes negativas para remodelar hábitos.

Você não acenderá ninguém se não estiver aceso.

Conheci dezenas de líderes que não tinham atitudes condizentes com o cargo. Negavam suas palavras com seus gestos, com sua conduta fora do trabalho, com seu jeito de ser no dia a dia. As pessoas esperam de um líder atitudes empáticas, energéticas, solidárias e firmes ao mesmo tempo. As pessoas esperam educação, precisam dela. Educar não significa doutrinar, impor ideias, maltratar. Educar é disciplinar pelo exemplo e pela empatia, que tanto falta nas empresas, e por que não dizer no mundo. Em vendas, os melhores mestres são capazes de abrir mão de suas convicções quando veem que poucos estão conseguindo atingir metas. Não adianta ser um líder que tem apenas 20% da sua equipe batendo as cotas dadas. Não adianta ser um vendedor que nunca passa de 80% da meta assumida.

> "LIDERANÇA TEM MUITO MAIS A VER COM DISPOSIÇÃO DO QUE COM POSIÇÃO." — EDUARDO TEVAH

Por isso a questão: Ser um mestre ou um aprendiz? Seja os dois o tempo todo. Como mestre, seja líder de sua vida. Ensine o que aprendeu, tenha empatia para dividir com os outros aquilo que pode somar na vida destas pessoas e esteja pronto para receber algo de volta, sem esperar por isso. Normalmente, o mestre em vendas é aquele que não permite nenhum conhecimento ficar parado, pois sabe que ele estraga, envelhece, dissolve com tempo. Nosso maior patrimônio é o nosso conhecimento. Quando aprendemos a trocá-lo, atingimos uma liderança cognitiva e positiva de verdade. Mesmo que não seja o líder no cargo, será percebido como alguém de valor, para os negócios e para a manutenção do clima na empresa em que atua. Mesmo que atue sozinho, fará novos amigos e clientes o tempo todo, porque as pessoas adoram estar perto de quem divide seu conteúdo. Se almeja ter um cargo de liderança, comece sendo esse tipo de pessoas, que agrega e compartilha conhecimento, mesmo sem ser paga por isso. Não se preocupe com a competição, em fortalecer os outros. Nunca vi um campeão de vendas que não tivesse prazer em ensinar os demais. Isso o fortalece, pode apostar.

Quando estiver, e se quiser estar entre os mestres de fato, terá que aprender o tempo todo e isso só se faz possível quando se gosta de ensinar também. Os grandes líderes percebem aqueles que têm jeito para aprender pela capacidade que demonstram em ensinar. Um professor, um mestre, um educador é, antes de tudo, um ser capaz de se relacionar e de somar na vida da comunidade onde está. O fato é que no mundo das vendas a competição sobrepõe a cooperação, porque estamos sempre tendo desafios maiores e vivendo muito sozinhos, e porque preferimos guardar tudo o que conquistamos. Mas com o passar do tempo, com a maturidade, vemos que o melhor era ter acreditado na cooperação, porque ninguém atinge o sucesso sozinho. Você pode até ser mais rápido sozinho, mas nunca irá tão longe.

Somos eternamente aprendizes se tivermos menos petulância ou arrogância. Como já vimos, o mundo comercial é um organismo vivo e não se pode saber tudo. Quando ensinamos, aprendemos duas vezes. Fixamos o conhecimento de uma forma única.

Seja o que você quiser ser, mas não se esqueça que, neste mundo competitivo, é preciso trocar, aprender, ensinar e ser mais cooperativo. Os recursos são os mesmos, o que diferencia uma empresa ou negócio são as pessoas e suas atitudes empáticas para criar soluções nunca imaginadas de forma individual.

UM LÍDER E SEUS CONFLITOS

O maior conflito que observo nas organizações é seu **líder** não ter tempo suficiente para traçar um planejamento estratégico da empresa que possibilite organizar sua equipe a alcançar resultados.

Após muitos anos de experiência na direção da minha empresa observei que pessoas bem-sucedidas formaram pessoas com entusiasmo, positivas, comprometidas com seus sonhos e com vontade ardente de vencer.

Um dos maiores desafios nas organizações é encontrar uma equipe entusiasta, confiante e positiva. Na maioria dos casos, as pessoas preferem ser negativas, sem objetivos e não querem fazer parte de uma equipe vencedora.

A velocidade das mudanças em todo mundo causa um impacto muito relevante sobre as pessoas e, principalmente, nas organizações.

Mas por que isso acontece? Seria a falta de reconhecimento? Falta de comprometimento instalado na maioria dos colaboradores? Qual seria o papel do líder nas organizações? Como motivar colaboradores a buscar qualidade na mesma velocidade que o cliente exige? Como conseguir resultados por intermédio das pessoas? Quais funções o líder deve exercer?

Líder é aquele que dirige, inspira e motiva pessoas. Ele é o responsável por transformar sonhos em realidades e metas em resultados concretos. Liderar atualmente é um grande desafio.

O ambiente está em constante movimento devido às mudanças de um mundo moderno e desafiador. A tecnologia contribui muito para as dores de um líder, pois são rápidas e mutáveis. Um bom líder não manda, mas abraça a equipe por uma causa, com propósito e determinação.

No mundo moderno, o líder precisa ter uma comunicação eficaz, clara, respeitosa e solidária, além de ter sua Visão, Missão e seus Valores bem claros e definidos para as pessoas que está liderando. Os líderes trazem para si as pessoas que acreditam neles e conseguem resultados por meio de seus exemplos.

DESAFIOS DA LIDERANÇA

- **Comunicação:** Dirigir uma empresa com a geração Y passa a ser um grande desafio, pois esse jovem é imediatista, participativo em suas ideias e gosta de ser valorizado.

    O líder, enquanto inspirador, traz para a equipe suas ideias, ajudando a executar as tarefas com tranquilidade e eficiência. Com muita comunicação e habilidade, sabendo escutar a equipe, eles se conectam à sua Visão de sucesso e resultado. Seus liderados terão comprometimento em desenvolver as tarefas e as realizarão com naturalidade, obtendo ótimos resultados.

    O líder precisa trazer uma equipe de seguidores com propósito e com paixão ardente em suas tarefas.

VIVER E VENDER SE APRENDE: VIVENDO

O líder que não consegue se comunicar proporciona um ambiente negativo, com muitos conflitos e com pouco ou nenhum resultado.

- **Reconhecimento:** Importantíssimo no tratamento com sua equipe. A relação interpessoal ajuda a obter resultados visíveis e, quando dada a missão ao liderado, essa atitude passa a motivar outras pessoas com competência, gerando credibilidade e reconhecimento no trabalho. O reconhecimento é peça fundamental para o alcance de metas e resultados.

  O desempenho do liderado passa a inspirar outras pessoas, causando a vontade voluntária de encadear o trabalho em equipe, sem competições e desavenças, com resultados claros e factícios, facilitando os objetivos na realização de metas com satisfação da equipe.

- **Descentralização:** Outro conflito do líder é centralizar suas tarefas e trazer para si a responsabilidade. Não distribuir tarefas faz com que os resultados sejam vistos sem muito brilho e sem eficácia, provocando um clima negativo dentro das organizações e nos seus negócios.

  O líder que encara esse desafio diário delega ações e, junto a sua equipe, elabora um plano de negócios, integrando todos na mesma missão e valores que a empresa atribui como bandeira para se destacar no mercado.

  Com essa atitude fica claro onde os colaboradores desejam chegar, porque quando uma equipe é motivada ela provoca o resultado para si própria, elevando o grau de satisfação pessoal e de seus clientes, cujo resultado sempre será positivo.

- **Falta de Comunicação:** Se o líder não tiver uma comunicação assertiva, não terá o resultado desejado. É claro que líderes possuem seguidores e esse público é importante e se espelha em seu foco estratégico. Liderados valorizam líderes que se preocupam com eles a ponto de se colocar em seu lugar, defendendo-os sempre. Os liderados focam em um conjunto de valores baseado na honestidade e no respeito que passa ser o espelho de suas ações.

  O líder deve se comunicar com respeito e humildade. Sua integralidade inspira pessoas e desenvolve caminhos de confiança. Um fator muito importante é demonstrar paixão, assim, sua comunicação ficará melhor e mais clara. Essa paixão terá que ser verdadeira. Não basta simplesmente falar, demonstre.

- **Excesso de Tarefas:** O líder centralizador, que não delega, não alcança resultados, porque não planeja seu dia nem suas metas. Essa atitude não é uma fórmula de sucesso. Distribuir tarefas faz parte do dia e das metas dos liderados. Quando se delega, você distribui responsabilidade e comprometimento do seu aliado colaborador. Com isso, descentralizando as tarefas, você prova ter confiança na sua equipe, além de ter mais tempo para planejar estrategicamente seu negócio.

VIVER E VENDER SE APRENDE: VIVENDO

Transforme sua organização em um local agradável e produtivo. Traga e abrace sua equipe, distribuindo e motivando seus aliados. Delegue e supervisione as tarefas com a comunicação mais clara possível.

O papel do líder é colaborar, orientar e desenvolver as habilidades dos seus liderados, apoiando-os nas soluções dos problemas, reconhecendo sempre o esforço e o mérito individual deles.

Agora, se quer ser um mestre em vendas, não basta dominar o produto ou serviço que se vende, é necessário ter habilidade com pessoas, formar novos líderes. Sugere-se que o comandante de uma equipe esteja o tempo todo aprendendo, treinando, entregando conteúdo, envolvendo, escutando, descentralizando, planejando, ajudando, compreendendo, contando histórias, dando exemplos, influenciando, compartilhando angústias, demonstrando gratidão, reconhecendo, elogiando sempre com verdade, focando no futuro e nos resultados.

Percebemos que são muitos os conflitos de um líder. Para somar tudo que é necessário para liderar com resultado, o líder tem que estar sempre se reinventando, colocando seus objetivos como um sonho ardente e não deixando que o "EGO" domine sua autoridade. Na realidade, não somos perfeitos, mas podemos melhorar a partir do momento em que reconhecemos essas debilidades. O ego distrai seus objetivos, afastando-os do caminho correto da humildade. Ele o retirará do caminho da disciplina diária, sabotando seu desenvolvimento pessoal e espiritual, características que, como líder, você não pode perder.

As organizações que desejam ser competitivas devem levar em consideração o que o cliente realmente deseja. Para isso, sua equipe terá que pensar e fazer diferente rapidamente e se relacionar de maneira amigável para trazer soluções ao cliente.

Nas organizações, o líder tem que garantir que as mudanças tragam ao colaborador benefícios, aprendizados e oportunidades para desenvolver seus objetivos. Para isso, é importante que o líder mostre quais são os benefícios e necessidades dessas mudanças do mundo globalizado para seus liderados e enxergue as transformações e necessidades das pessoas para aceitar essas imposições tecnológicas. Ninguém imaginava o quanto a internet impactaria a vida das pessoas e como transformaria seus hábitos e suas necessidades. As organizações tiveram que planejar estratégias diferenciadas da concorrência e foi necessário contratar pessoas que tivessem conhecimento e interesse em compartilhar sonhos com desejos de resultados, processo que modificou a atitude do líder, que deixa de ser chefe para ser "LÍDER". O líder precisou, também, avaliar imediatamente a capacidade e o interesse do contratado para se conectar ao que a empresa realmente deseja alcançar.

Fátima Homem

Empresária mineira formada no método
Master Selling — 2019. Uma mulher de fibra
e grande líder que conheço há mais de dez anos.

VOCÊ NÃO ACENDERÁ NINGUÉM SE NÃO ESTIVER ACESO

CAPÍTULO 8
AO LONGO DA HISTÓRIA

Um mestre de vendas precisa conhecer a história desta profissão, desta área, deste mundo em que será guru, educador, e, portanto, provedor de uma análise mais profunda de tudo que historicamente definiu os avanços do modelo comercial, até os dias de hoje.

Com base em materiais e estudos que reuni esses anos e ainda no livro *Vendas nas Estratégias de Marketing* da FGV, onde fui professor do MBA de Gestão em Vendas, separei aqui alguns pontos históricos que me ajudaram a ter um domínio maior do mundo que escolhi para aprender e ensinar.

Há relatos de que essa seja a segunda profissão mais antiga do mundo (sim, antes mesmo desta que você está imaginando) e que tenha se originado durante o feudalismo, época em que surgiram os comércios. De acordo com o dicionário Aurélio, vender significa: *"1 — Ceder mediante preço convencionado. 2 — Alienar"*.

Contudo, é importante que você compreenda como ocorreu a evolução dessa ciência que conhecemos por vendas e, então, você terá pleno entendimento e saberá como agir diante do desafio que está à sua frente.

PRIMEIRA REVOLUÇÃO INDUSTRIAL

Entre 1750 e 1840 ocorreu a Primeira Revolução Industrial que perdurou por quase 100 anos. Com isso, passaram a produzir em tempo recorde se comparado com a manufatura, além de grandes invenções que deram um *"boom"* nas indústrias e comércios.

Em 1752, Benjamim Franklin (sim, ele era o "Tony Stark" [Vingadores] daquela época, pois além de ser jornalista, editor, autor, filantropo, político, abolicionista, funcionário público, cientista, diplomata e inventor, ele "apenas" foi um dos fundadores dos EUA) iniciou uma empresa de seguros e logo depois segmentou sua força de vendas entre *"Hunters"* (caçadores) e *"Farmers"* (fazendeiros/produtores). Ou seja, ele tinha em sua força de vendas aqueles que buscavam novos clientes e os que cuidavam de sua base (carteira) de clientes já conquistados. Esses nomes e conceitos te soam familiares? Já os ouviu em seu local de trabalho? Perceba que independentemente da evolução tecnológica certos conceitos nunca mudam e não mudarão, justamente porque a essência do ser humano não muda ao longo do tempo.

Ao longo da Primeira Revolução Industrial (e que se estenderia até a Segunda Revolução Industrial), os chineses passaram a vender um produto chamado "Elixir de Óleo de Cobra".

Para vender, inicialmente os chineses, mas posteriormente os americanos também, afirmavam que bastava passar o óleo num local ferido, e ele traria alívio. Algumas características dos vendedores nessa época eram:

- Eles vendiam sonhos/enganavam seus clientes;
- Esses vendedores eram vistos como *"experts"* em determinado assunto (produto/serviço);
- Soavam como uma autoridade no assunto;
- Os clientes precisavam deles para obter informações. (Surpreendentemente, até pouco tempo isso ainda era praticado, mas graças aos desafios da maturidade do mercado atual somados ao advento das redes sociais, esse tipo de profissional/empresa, já não tem mais espaço e, se ainda existir, está fadado a desaparecer brevemente).

SEGUNDA REVOLUÇÃO INDUSTRIAL

Em 1850 temos o início da Segunda Revolução Industrial. Sua conclusão se deu por volta de 1945, ao final da Segunda Guerra Mundial. Foi um período marcado por muitas invenções e descobertas no meio científico, químico, entre outros. Tivemos o urânio sendo empregado para fins nucleares, por exemplo.

Em 1886, um "cara" chamado John Patterson criou um modelo de vendas chamado "Pirâmide de Vendas", onde eram vendidas caixas registradoras para pessoas influentes e essas cuidavam de angariar novos clientes para comprar as registradoras. Seria um *mix* do modelo de vendas da Herbalife com *review/*

unboxing que estamos habituados a ver no YouTube. Foi aí que o ato de vender começou a se tornar profissional. John criou um método de gerenciamento para monitorar e treinar seus vendedores. Ele entregava roteiros (cartilhas de argumentação, de preparação antes da visita ao cliente, rota etc.) para serem memorizados pelos vendedores, além de dividir o mercado/vendedores por territórios, haviam inclusive os vendedores "viajantes", assim como os vendedores que vendiam o "óleo de cobra", como mencionado anteriormente.

Além disso, realizou convenções e concursos de vendas, e seus vendedores eram pressionados para se livrarem/superarem os concorrentes em seus respectivos territórios. O objetivo era criar um método de gerenciamento/administração de vendas que abrangesse todos os âmbitos da venda. Ou seja, das definições de metas e comissões até a motivação dos vendedores desmotivados.

Nessa época, os vendedores eram vistos como:

- Bem informados e com mais conhecimento que os consumidores;
- Vestiam-se bem e tinham uma apresentação profissional;
- Controlavam a venda;
- Introduziam novas ideias para os consumidores e os manipulavam;
- Procuravam identificar os decisores/influenciadores para apresentarem seus produtos a outros possíveis clientes.

AO LONGO DA HISTÓRIA

Seus métodos persistem até os dias de hoje e, inclusive, foram usados para elaboração do meu primeiro livro *Sucesso em Vendas*.

Abaixo, alguns de seus métodos:

- Vendedores delimitados por território;
- Comissão a partir do volume de vendas;
- Convenção de vendas;
- Reunião de vendas;
- Emprego de testemunhos para fortalecer os argumentos do vendedor;
- Publicidade aliada às vendas;
- Uso de cartilhas de argumentação;
- Roteiro de vendas (rota, preparação quanto ao cliente);
- Vender soluções a produtos.

Em 1916, trinta anos após o modelo de gestão de vendas de Patterson, ocorre o primeiro congresso de vendas nos EUA. O palestrante foi, nada mais nada menos, que o presidente dos EUA, na época, Woodrow Wilson (28º presidente dos EUA). Isso deu uma credibilidade "absurda" para o evento e firmou ainda mais a profissão de vendedor. Nesse período:

- As vendas eram baseadas na confiança do cliente quanto ao vendedor/produto/serviço;
- Os vendedores já tinham um treinamento profissional;

- Eram vistos como detentores de mais conhecimento/cultura que os consumidores;
- Possuíam grande agilidade verbal;
- Controlavam a venda.

Em 1918-1920, o cientista Grant Nablo, apresenta o conceito de "Venda Científica". Se baseia na ideia de que é possível prever o perfil do comprador de acordo com o formato de sua testa/crânio. Acreditava-se que uma pessoa com um crânio alto/testa alta era mais criativa, portanto, teria menos resistência a novas ideias, sendo possível vender de modo mais fácil para este perfil de cliente se comparado a outros. Devido à popularização desse conceito, passou-se a admitir que era possível aprimorar vendas à luz da ciência, além de dar o devido valor ao comprador, visando compreender suas características. Com isso, a Ford (aquela do Fordismo, que hoje vende o EcoSport, Fiesta etc.) incluiu em seu treinamento de vendas a máxima: "Venda o veículo de acordo com o formato da cabeça de seu cliente. Testas altas deixam espaço para um desenvolvimento maior. Isso indica que essas pessoas são menos propensas a resistir a novas ideias."

Quanto aos vendedores dessa época:

- Visavam aprender o que fazia os compradores comprarem o produto/serviço;
- Tentavam usar a psicologia para confundir os clientes e efetuar a venda;

AO LONGO DA HISTÓRIA

- Tentavam direcionar a percepção dos compradores quanto ao produto/serviço;
- Controlavam toda a interação durante a venda;
- Raramente introduziam algo novo.

Em 1925, por conta da histórica "Grande Depressão" muitas pessoas tiveram que se reinventar para ganhar a vida. Inclusive, muitas pessoas foram trabalhar com vendas por conta das poucas barreiras de entrada nesse mercado. (Ademais, quero que você reflita sobre isso. Quantas pessoas você conhece que "trabalham" com vendas em vez de serem vendedores(as)? Atuar em vendas é a junção de arte + ciência + estudo (preparo). Assim como aconteceu no caso que estamos vendo, ocorre nos dias de hoje. As pessoas veem vendas como uma ponte para outras áreas dentro da empresa ou até conseguir algo melhor. E é aí que sempre vemos/ouvimos as velhas desculpas: o concorrente tem o menor preço, tem o melhor produto, é culpa do marketing, é culpa do produto... enfim, são tantas desculpas que daria para escrever as 270 páginas deste livro só com isso. Pense nisso, aprimore-se, torne-se um vendedor e não alguém que trabalha com vendas. Busque a alta performance... É aí que está a diferença entre os que sobreviverão à Quarta Revolução Industrial (que veremos mais à frente). Continuando, a maioria das pessoas que foram trabalhar com vendas devido à grande depressão não teve muito, ou nenhum, treinamento. Foi aí que surgiu o conceito de "venda emocional". Ou seja, a maioria, durante esse período, apelou para a emoção para conseguir efetuar uma venda. Por isso, o nome em inglês *"Mood Selling"*.

Quanto ao perfil de vendas:

- Usavam a emoção para persuadir os compradores;
- Valiam-se de chantagens para fechar vendas;
- Empregavam truques emocionais como levar seus filhos consigo enquanto tentavam vender;
- Dependiam da boa vontade das pessoas para que comprassem o produto/serviço.

Em 1931, a publicidade foi introduzida como forma de promover marcas/produtos/serviços e apoiar suas vendas. Durante os anos 1930, a National Broadcasting Corporation of America (NBC) reportou um grande aumento na receita de publicidade, principalmente de marcas que vendiam produtos anunciando no rádio. Esse aumento na publicidade levou a abordagem de vendas para outro patamar, apelando para o emocional, mas não no sentido de pena como foi na grande depressão e sim como algo agradável, prazeroso. Isso se denominou como "Venda Baseada em Marca". Um belo exemplo disso é a Coca-Cola e suas incontáveis propagandas associando a marca/produto à união, alegria, prazer, natal, família etc.

Nessa fase, os vendedores:

- Usavam a popularidade da marca como evidência para o sucesso;

AO LONGO DA HISTÓRIA

- Controlavam a abordagem de vendas;
- Tinham profundo conhecimento técnico do produto;
- Usavam a publicidade para comprovar a eficácia do produto/serviço.

Em 1932, temos a Venda Psicológica desenvolvida por Henry Link. Seu conceito era de que o vendedor aprendesse o essencial sobre psicologia para compreender mais sobre seus clientes e o que faz com que comprem a ideia do produto/serviço apresentado. Com base nessa nova filosofia de vendas, os vendedores questionavam seus clientes com: "O que te mantém acordado/tira seu sono à noite?" Ou seja, com isso, identificariam as "dores" do cliente e poderiam ofertar a solução. A partir daí, a ciência empregou mais esforços para estudar sobre os perfis e psicologia do consumidor/cliente visando empregar suas descobertas na alavancagem das vendas que por consequência aumentaria a receita da publicidade.

Seguindo essa linha, os vendedores:

- Precisavam aprender o que derrubava as barreiras de compra por parte do cliente;
- Usavam a abordagem de vendas para direcionar o raciocínio do cliente de modo que efetivasse a compra;
- Controlavam toda a abordagem/interação.

Em 1936, Dale Carnegie (palestrante, escritor na linha de vendas e de aperfeiçoamento de habilidades) reinventou e evoluiu o mercado com seu livro best-seller que até hoje é bastante popular *Como fazer amigos e influenciar pessoas*. Em poucas palavras, Dale pregava a Venda Através do Relacionamento. Ou seja, a atenção do vendedor deveria estar voltada para seu cliente, analisando suas demandas, desejos, sensibilidades e percepções. Até hoje, essa técnica é bastante difundida nos departamentos de vendas.

Com isso, os vendedores desse período tinham o seguinte perfil:

- Desenvolviam relações fortes baseadas em confiança para encorajar os compradores a assumirem um compromisso/pedido/venda;
- Dispostos a fazer o necessário para satisfazer o desejo do consumidor;
- Passaram a defender o cliente dentro de sua empresa (empresa do vendedor);
- Evolução da linha de pensamento sobre a Venda Psicológica.

Em 1940, surge o conceito de driblar as barreiras de compra que o cliente pode ter, conduzindo-o a dizer "sim" para todas as suas perguntas fechadas, ou seja, em que a resposta é sim ou não, mas obviamente buscando sempre o sim. Exemplo: Certamente você busca ter os melhores cuidados e melhores médicos quando estiver no hospital, correto?

■ AO LONGO DA HISTÓRIA ■

Valendo-se disso, os vendedores:

- Faziam perguntas capciosas de modo a manter o cliente "preso" a responder sempre sim e ficar "amarrado" à venda;
- Faziam perguntas que, caso o cliente respondesse não, ficariam envergonhados, forçando-os a dizer sim;
- "Usavam sapatos largos e pesados para impedir que fechassem a porta na 'cara' deles" — altamente insistentes;
- Manipulavam os clientes de modo que as conversas se mantivessem totalmente em seu controle.

Em 1942, o setor de vendas segue evoluindo e chegamos a um método chamado SELL. Os vendedores visavam encorajar o cliente a comprar o produto/serviço demonstrando seus benefícios a eles. A propósito, SELL é a abreviatura de *Show* (apresentar o conceito técnico do produto), *Explain* (explicar os benefícios), *Lead* (conduzir) e *Let Them Talk* (deixe eles/clientes falarem).

Características dos vendedores:

- Não deixavam o cliente pensar sobre o produto;
- "Afogavam" o cliente com informações;
- Controlavam toda a conversa.

Em 1946, finalizando a Segunda Revolução Industrial e às portas da Terceira Revolução Industrial, surge o "ADAPT" que significa "adaptar". Com perguntas abertas e fechadas, tentava-se manejar o cliente, assim como o método de driblar as barreiras.

Características da força de vendas:

- Não introduz novos conceitos;
- Sempre se expressava de modo familiar ao cliente;
- Não havia diretrizes para o planejamento;
- Tentava deixar o consumidor intrigado.

TERCEIRA REVOLUÇÃO INDUSTRIAL

É interessante como a ciência de vendas evoluiu ao longo do tempo, não é? No entanto, é a partir da Terceira Revolução Industrial, que também é conhecida como revolução da informação, que é possível perceber que tudo mudará cada vez mais rápido e que é um caminho sem volta. Iniciou-se nos anos 1950 e perdurou até os anos 2000. Destacou-se a partir dos avanços na indústria e todas as demais áreas. Exemplos: globalização, aumento das fontes de energia, robótica.

A globalização foi um fator importante para auxiliar na produção e nas relações comerciais entre diversos países. Além disso, ela proporcionou a massificação dos produtos, sobretudo na área da tecnologia.

AO LONGO DA HISTÓRIA

1950's — Com o fim da Segunda Guerra Mundial, os EUA haviam desenvolvido uma capacidade de produção muito forte. Com isso, ao longo da década de 1950, a venda passou a ser vista como um "empurra-empurra" de produtos por conta de a oferta ser muito superior à demanda. Foi aí que surgiu o tão famoso (nos dias atuais) *Cross Selling,* mas, na época, com outro nome, *ARC,* e era um conceito que funcionava muito bem no varejo. Pois é, certamente você já escutou e segue escutando sobre vendas cruzadas, *Cross Selling* e *Up Selling,* que é quando você vende produtos de categorias superiores ($$$) aos que seu cliente já compra. Como dizem: "Nada se cria, tudo se combina!" Nos dias de hoje, a filosofia é a mesma de antigamente, com a diferença de que agora você tem uma baita tecnologia para dar suporte e cruzar os dados para fazer o *Cross Selling* e o *Up Selling*. Falaremos sobre isso na Quarta Revolução Industrial logo mais à frente. Então, ao longo desse período (década de 1950), várias abordagens/foco para vendas foram desenvolvidas, como a *Formula Selling* (era composta pelas metodologias anteriores) e a *AIDA* (tentavam atrair a atenção do cliente, mostrar sua dor e então vender a solução... o que ainda hoje é utilizado).

Em resumo, naquele tempo os vendedores:

- Tinham profundo conhecimento sobre o produto;
- Eram cada vez mais bem treinados;
- Tinham habilidade para contornar objeções.

1968 (Satisfação por Necessidades) — Quando a famosa Xerox Corp. se viu próxima de "ruir" por conta da perda de sua patente, muitos concorrentes já estavam no mercado ofertando os mesmos produtos que até então eram apenas seus. Simplesmente, sua força de vendas não conseguia fazer o produto ter valor percebido, já que seus concorrentes ofertavam praticamente o mesmo produto/serviço por um preço bem abaixo. Para sobreviver e se sobressair ante aos concorrentes, o foco de vendas ficou nas "vendas pela satisfação das necessidades". Ou seja, a ideia era apelar para a solução das necessidades e não apenas no que o produto fazia. A longo prazo, a Xerox obteve sucesso. Foi daí que surgiu a fama de ser uma escola de vendas.

É interessante frisar que neste mesmo período, na Europa, Neil Rackham iniciou sua pesquisa sobre a psicologia de vendas (comprador e vendedor). No futuro, na década de 1980 lançaria um livro que não seria bem-aceito por ir contra os conceitos de vendas praticados até então, mas que seria um passo fundamental para evoluir para o *Spin Selling*.

Naquele tempo, o campo de vendas:

- Tinha a filosofia de descobrir a necessidade e vender o benefício;
- De certa forma, a força de vendas deixava os clientes conduzirem as negociações até certo ponto;
- Compreendia sobre as características do "negócio" do cliente (e hoje em dia temos vendedores que simplesmente "vendem" falando apenas das

AO LONGO DA HISTÓRIA

características técnicas do produto, não se preocupando em se preparar, entender sobre o cliente etc., mesmo com a tecnologia que temos hoje. E, veja só, há 50 anos já praticavam algo que é primordial para se ter sucesso);

- Pela primeira vez, o cliente teve a oportunidade de se sentir escutado, pois chamava o vendedor para suas instalações e explicava o que precisava;
- Vendedores não tentavam manipular ou "engessar" a condução e assuntos da conversa. Verdadeiramente ouviam os clientes.

1972 — Ainda com a Xerox se destacando, e ganhando a fama de escola de vendas, foi criado o método (que inclusive ficou conhecido aqui no Brasil) com o nome de "PSS". A Xerox ensinava as empresas sobre seus métodos de vendas no quais o foco era ouvir a dor do cliente e ofertar a solução. Além disso, usavam e ensinavam os métodos de perguntas abertas e fechadas. E isso, quanto ao fato de ouvir a dor do cliente e ofertar a solução, segue até os dias de hoje, que, com o avanço tecnológico e surgimento e solidificação das redes sociais se tornou algo bastante básico.

Então, a força de vendas:

- Seguia as mesmas características citadas no ano de 1968.

1985-1988 — Apesar de bem treinados, dois vendedores da IBM (Robert Miller e Stephen Heiman) desenvolveram conceitos de gestão de modo que agregasse às filosofias que vinham sendo usadas, uma vez que a tática de simplesmente ouvir e ofertar algo para curar a dor do cliente não funcionava com grandes contas e não ajudava o cliente a "andar" pelas etapas do funil de vendas. Logo em seguida, próximo ao fim da década de 1980, a evolução desse conceito foi o surgimento da "Venda Consultiva" ou *Spin Selling*. Pregava-se que o conceito de vendas deveria se fundamentar em questionar a situação do cliente, o problema, a implicação e o retorno. Com isso, a ciência comprovava a primeira técnica a ser verdadeiramente funcional. Após algum tempo, alteraram o nome para vendas consultivas.

Isso revolucionou o relacionamento de vendas com os clientes de tal forma que o conceito de vendas da época tinha as seguintes características:

- Clientes e vendedores compartilhavam ideias e objetivos visando encontrar a solução/melhor maneira de solucionar o problema do cliente;
- O uso de habilidades de sondagem para ajudar os compradores a entender as implicações de um produto proposto;
- Entendiam do segmento e empresa do cliente;
- Força de vendas bem treinada para gerir relacionamento com o cliente.

1990-2000 — O foco evoluiu os conceitos de *Spin Selling* para Venda Centrada no Cliente.

▪ AO LONGO DA HISTÓRIA ▪

Com base em sete passos (Pesquisa e Pré-planejamento; Gerar Interesse; Foco na solução que o produto/serviço levava ao cliente; Visar a aproximação humana quanto ao cliente e não apenas um usuário; Relacionar o produto com demais produtos já solidificados no mercado; Ter em mente que ao iniciar uma negociação deveria ser para ganhar, do contrário era melhor declinar desde o início; Efetivar a venda no tempo do cliente), era possível montar um plano de ação e, esse conceito, evoluiu o *mindset* dos vendedores de que a venda deveria ser efetivada no tempo do cliente e não no tempo do vendedor como vinha sendo desde o início da história das vendas.

Então:

- Trabalhar com os clientes para desenvolver uma compreensão mútua das soluções que seriam melhores;
- Força de Vendas tão bem treinada que era muito segura e confiante em si mesma;
- Apegavam-se aos detalhes;
- Negociavam no modo "ganha-ganha", ou seja, tanto o comprador quanto o vendedor finalizavam a venda/negociação satisfeitos com o fechamento;
- Superar qualquer conflito entre a melhor solução de ajuste e a venda dos produtos/serviços da empresa.

Ao longo dos anos 2000 surgiram outros conceitos de vendas, mas neste mesmo período estava ocorrendo o avanço da tecnologia digital (que se acredita que tenha tido seu auge [no sentido de massificação]) em 2010 e por ser um período de muitas mudanças não chegavam a um consenso sobre como a filosofia de vendas deveria ser.

Até que em 2011 surgiu o conceito de "Vendas Desafiadoras". Baseando-se nos avanços tecnológicos digitais, que eram altamente disruptivos, desafiava-se o comprador a pensar "fora da caixa", a pensar de modo diferente, mudar seu *mindset* e ficar suscetível a consumir e adotar novos produtos, hábitos, processos etc.

Com isso, o perfil e foco da força de vendas mudou radicalmente e ficou assim:

- Viam as situações de modo diferente (mindset diferenciado);
- Compreendem a fundo o negócio do cliente;
- Altamente preparados para o debate e para desafiar o cliente, ou seja, seu modo de pensar/ver os problemas e soluções;
- Usam seu profundo conhecimento para manipular ou induzir o cliente;
- Introduzem novas ideias;
- Voltavam a controlar o processo de vendas já que detinham mais informação que o cliente.

Após isso, temos o início da Quarta Revolução Industrial que é o período em que vivemos atualmente (veremos no próximo tópico) e que é bom você se acostumar a mudanças disruptivas porque elas ocorrerão cada vez mais rápido e com muita frequência.

QUARTA REVOLUÇÃO INDUSTRIAL

Certamente, ao longo desta leitura, ou em algum momento, você imaginou como deveria ser a reação das pessoas e a vida de um modo geral durante a primeira e as demais revoluções industriais, mas alguma vez você imaginou que viveria em uma revolução industrial? Pois bem, seja bem-vindo à Quarta Revolução Industrial ou Indústria 4.0, como chamam na Alemanha! Você pode se perguntar como saber que está ocorrendo uma nova revolução, mas é simples de notar. São tantas mudanças, em velocidades tão absurdas e com grandes impactos para a população/economia que não há como não classificar como uma nova revolução industrial.

Suas principais características são:

- IoT (Internet das Coisas): Quem diria que uma geladeira estaria conectada com seu celular e você saberia os itens que estão nela? Ou que você poderia ligar e desligar as luzes de casa por meio do celular? Que bastaria olhar para o vidro da janela e, ao mesmo tempo em que vê a paisagem, é informado sobre a previsão do tempo, condições do trânsito etc.? Não é exagero. Na Califórnia, EUA, tanto o Hilton quanto o Marriott já possuem quartos com essa tecnologia;

- Inteligência Artificial Avançada: Há pouco tempo a Uber fez uma entrega de Fort Collins, Colorado, EUA, até Colorado Springs, Colorado, EUA. Foram 200km de distância e 45 mil latas de cerveja foram entregues. Tudo isso em um caminhão autônomo, sem a menor interferência humana. Isso sem falar na impressora 3D, nos robôs que estão sendo testados pelos exércitos dos EUA e Rússia, robôs que cozinham...
- O avanço de energias limpas, como as placas de energia solar;
- Negócios disruptivos: Facebook, Uber, Airbnb, Netflix e tantas outras plataformas que quebraram paradigmas.

Entretanto, nem tudo são "flores". Ao mesmo tempo em que temos uma evolução gigantesca, temos alguns problemas novos.

Positivo:

- Somos (pessoas e empresas) obrigados a estar em melhoria contínua e atingir novos patamares, do contrário, "morreremos"/seremos substituídos por outros players ou máquinas/robôs;
- Maior poder de testes e evolução de modo geral (tanto para clientes quanto para empresas).

Negativos:

- Aumento do desemprego;
- Aumento da desigualdade social;
- Tecnologia destrutiva mais letal que a existente atualmente.

▪ AO LONGO DA HISTÓRIA ▪

No entanto, a tecnologia facilitou a entrada e a competitividade de novos *players* no mercado. Antes, o vendedor dizia: "Você quer que eu venda ou faça relatório?" Hoje, isso mudou porque, com um mercado onde há um aumento crescente de novos concorrentes, e o número de novos clientes não acompanha esse ritmo, temos que ser precisos. Já não é mais atingir o alvo, mas atingir a mosca. E como fazemos isso? Temos que ter informações bastante relevantes sobre cada uma dessas regiões, seu potencial, *Market Share* que ocupamos, a carteira de clientes existentes, qual a curva "ABC" desses clientes, e qual é o potencial e o *Lifetime value* dentro da curva "ABC" de cada um desses clientes para que possamos fazer *Up Selling*, *Cross Selling*... e assim ampliar a oportunidade de gestão.

Além disso, com a iminência de um alto desemprego em um futuro bastante breve (cerca de dez anos) por conta das máquinas/robôs/inteligência artificial, há características que nunca poderão ser eliminadas no mercado, como a criatividade, o dinamismo, e tantas outras que compõem um vendedor. Sendo assim, atue com paixão pelo que faz e se faça único e indispensável onde você trabalha.

Então, para resumir sobre como ficam as vendas nesse novo período e suas características...

Vimos, e veremos um pouco mais a seguir, que vendas são uma extensão do departamento de marketing, sendo assim, o planejamento de ações e metas propostas pelo departamento de marketing dependem e precisam estar muito bem sincronizados com o departamento de vendas para que ele desenvolva as táticas a serem adotadas para prover a manutenção/alavancagem das vendas dos produtos/serviços. Quanto mais se investe em comunicação e treinamento para com a força de vendas, mais a empresa está investindo em longevidade no mercado.

Ademais, se você tem, pelo menos, dez anos de experiência na área de vendas, sabe que a compreensão desses conceitos e implementação de muitas tecnologias foi um grande avanço e sabe/compreende (pelo menos espero que você saiba e compreenda) que a arte de vender e quem emprega essa arte tem que se reinventar e acompanhar o ritmo das mudanças, apesar de certas coisas nunca mudarem independentemente do avanço tecnológico como me referi anteriormente.

Por exemplo, alguns pontos que nunca mudarão mesmo com a tecnologia:

- *Suspects, Prospects, Leads*;
- Comunicação envolvente/*Storytelling*;
- Negociar;
- Efetivar uma venda.

Contudo, alguns exemplos do que mudou com o avanço da tecnologia:

- A forma de se comunicar;
- Cenário do mercado (novos *players*, novas barreiras de entrada e saída, novas leis etc.);

AO LONGO DA HISTÓRIA

- Comportamento do comprador corporativo e cliente final.

Como vimos, o poder migrou das "mãos das empresas" para os clientes. Sejam eles finais ou corporativos. E isso é tanto no sentido de poder de barganha (justamente pelo aumento de pessoas vendendo para um número de clientes que não segue o mesmo ritmo) quanto para conseguir informações sobre uma empresa, processo ou pessoa. Ou seja, com o famoso Google, ou qualquer outro buscador, é possível encontrar de tudo sobre a empresa e caso o cliente não encontre o que precisa saber, tenha certeza de que ele buscará outro fornecedor sem pensar duas vezes. Isso se deve ao fato de estarmos tão competitivos que já é quase impossível fazer diferenciação por qualidade do produto (já que há vários com a mesma qualidade), por função (idem), por preço (preços próximos tantos para produtos *premium* quanto para produtos intermediários e de massa) etc. Ou seja, fica claro que as empresas detinham o poder justamente por controlarem as informações que eram divulgadas. Hoje, qualquer um grava um vídeo de um produto com defeito e o expõe o produto e a empresa para a comunidade online (que tem um alcance inimaginável e global ao mesmo tempo).

Até para prospectar é preciso ser diferente. Antes, ligava-se para os clientes. Hoje, isso é visto como algo extremamente invasivo e aborrecedor porque é como se você quebrasse o fluxo de trabalho/atenção do cliente nas atividades que está executando.

Para concluir de modo bastante claro, você já assistiu ao filme *À Procura da Felicidade* com o Will Smith? Caso não, assista, porque é muito bom! Lembra que ele, após conseguir o emprego de vendedor de seguros, descobriu que se não colocasse o telefone no gancho e apenas apertasse o gancho, ao fim do dia, ele conseguiria ter feito algumas ligações a mais que seus companheiros de trabalho?

Então... Há empresas que ainda insistem nesse modelo e certamente você consegue "puxar" fácil, na memória, alguma empresa bastante conhecida que te ligou com um telemarketing ativo bastante incomodo. É surreal que ainda há empresas que estão estagnadas em táticas do século passado em um mundo onde temos braços mecânicos que fazem pratos como *chefs* renomados.

E como deve ser a prospecção hoje? Não há certo ou errado, mas o mais indicado. Certamente, para seu segmento de atuação, prospectar pelo LinkedIn, Facebook, Twitter e outras plataformas sociais além do envio de e-mails, ajudarão a qualificar melhor seus *suspects/prospects* e abordá-los. E, também, algo bastante negligenciado é o próprio banco de dados (da empresa) com as informações dos clientes que muitas vezes a força de vendas negligencia, enquanto equipes de alta performance em vendas veem esses dados como uma mina de ouro.

Outro ponto é que antes as vendas seguiam um *speech* (discurso) "engessado". Hoje, é simples de notar esse tipo de diálogo, principalmente no telemarketing. No entanto, como citado várias vezes, com o advento das redes sociais, o discurso começa em um *post,* seja lá em qual plataforma, que se complementa com uma propaganda, e termina com uma conversa com o vendedor dando ênfase a um diálogo onde ele (vendedor) se firma como um consultor para o cliente.

Outro ponto é que, antes da Quarta Revolução Industrial, anunciar na mídia *offline* (revistas, TV etc) vendia o produto por si só, hoje, o cliente (corporativo e final) não aceita muito bem esse formato justamente por ter o domínio das informações sobre a empresa/produto, sendo assim, buscam *reviews*/testemunhos, *unboxing* nas redes online para formar sua opinião sobre um produto/serviço e tomar sua decisão de compra.

Por isso, o marketing de conteúdo tem ganhado cada vez mais força. Porque, assim, a empresa se mostra relevante para o consumidor. Ou seja, empresas e vendedores que praticam um marketing de conteúdo assertivo conseguem estreitar o relacionamento com seus clientes, além de aumentar o volume de *leads* no funil de vendas (*pipeline*) e, com o tempo, tornam-se influenciadores/autoridades em determinado assunto.

Como já mencionado, mesmo com tanta evolução, o departamento de vendas das empresas ainda não está em sua plenitude. Ainda há muito a ser explorado e aprimorado. No entanto, aquela máxima de que não é o mais forte quem ganha, mas sim quem se adapta continua valendo. As empresas que se adaptarem (e que tiverem capacidade de seguir se adaptando já que as mudanças ocorrerão cada vez mais rápido e com mais frequência) com mais rapidez e assertividade às novas tecnologias, métodos, processos e gestão de vendas, e que compreenderem melhor seus clientes, (corporativos e/ou finais) serão as que terão sucesso no mercado, superando seus concorrentes, gerando fãs em vez de meros clientes e tendo alta lucratividade.

PREVISÃO DE VENDAS

Etapa primordial para a saúde financeira de uma empresa, e mais uma vez fica nítida a urgência que o campo de vendas possui. Essa previsão permite que estratégias de vendas sejam desenvolvidas de modo "palatável", ou seja, sem ser empírico (o que aumenta absurdamente o percentual de fracasso) e distribuir metas coerentes, plausíveis e possíveis de serem atingidas, permitindo um controle coerente e de alta performance sobre as vendas individuais e da equipe.

Depois de ver tantos conceitos e a história do mundo comercial, reflita: Está preparado para o sucesso?

Quer ser diferente e aprender como é o mundo novo e competitivo que estamos enfrentando? Discorrerei agora sobre a base do sucesso, que é a atitude.

■ ■ ■

BUSQUE A ALTA PERFORMANCE

CAPÍTULO 9
DO QUE É FEITO UM CAMPEÃO

Um campeão tem sempre uma boa previsão de vendas, está no controle de suas metas. O foco e a persistência são duas qualidades que não podem faltar também em um vendedor de sucesso ou mestre de vendas. Mas o real diferencial de quem lidera em vendas, como vendedor ou gestor, é sua capacidade de se emocionar com pequenas conquistas e viver de perspectivas!

Vendedores não vendem todo dia, em muitos casos. Alguns ficam semanas sem vender. Ciclos de vendas maiores em alguns modelos de negócios desgastam demais. Expectativas frustradas, depois de tanto trabalho, são uma constante no mundo comercial.

Um campeão já conta com o insucesso e acredita que precisará prospectar muito mais para converter com mais assertividade, e atingir metas.

Sem metas, não há sucesso em vendas. Pensando assim, vendedores de sucesso triplicam a meta em suas mentes. Traçam planos para ter, no mínimo três vezes mais negócios em andamento ou clientes em atendimento, para chegar aonde precisam chegar.

Um campeão não dorme direito no começo de carreira. Precisa demarcar território, conquistar espaço, construir carteira compradora, fazer vendas mais inteligentes. Trabalha duro e jamais usa sua energia e criatividade para ficar de conversinha com colegas, que não vendem, mas que sempre tentam se justificar.

Esquece, não há dia da semana que um campeão não esteja pronto para o trabalho. Não há caneta jogada às 18h para correr para onde for. Parece então, para muitos, sacrifício demais. E é! Mas o sacrifício é temporário e a recompensa é para sempre, como já citei.

Vencer é uma questão de deslocamento do seu estado atual para o um estado desejado, onde, no meio, existem fatalmente barreiras, que você terá um tempo para transpor. No começo da vida em vendas, elas são mais altas, mas você também tem mais gás. Inexperiência não ajuda muito os novatos, mas os campeões ou candidatos admiram os que já são e aprendem com eles.

Quando comecei em vendas, na primeira convenção, perguntei quem ganharia o prêmio. Ouvi um nome: Ricardo. Perguntei: Quem é esse cara? Apontaram e disseram que ele era um filho da p..., pois já tinha ganhado oito vezes seguidas. Neste dia, decidi que não andaria mais com quem xingava o Ricardo, e sim que miraria ele, veria como age, como pensa e até pediria conselhos. Em três anos, superei o Ricardo e virei campeão de vendas, a duras penas.

DO QUE É FEITO UM CAMPEÃO

Superei alguém que tinha 20 anos no segmento, e ainda virei amigo dele. Devo a vitória a seus conselhos. Isso só me faz, e certamente a ele também, motivar e querer sempre andar com gente extraordinária. Aprendi muito com gente assim que passou em minha vida.

Aprender significa "prender algo". Campeões aprendem sempre. Mestres ensinam e aprendem... muito mais.

> É PRECISO APRENDER A APRENDER — UM CAMPEÃO É FEITO DE VONTADE DE APRENDER MAIS TODOS OS DIAS.

É muito comum que um vendedor tenha, desde o início de sua carreira, muitos cursos e formações técnicas, relativos aos produtos ou serviços que vende. No entanto, a maioria não tem formações de ordem administrativa e comportamental para o seu bom desempenho no processo de vendas e negociação. Mestres de vendas são, acima de tudo, treinadores de vendas. Treinar não significa apenas informar, sensibilizar ou motivar. Treinar é algo mais profundo, personalizado, requer um método e uma capacidade de medir avanços e corrigir desvios. Não importa a função, do vendedor ao diretor de vendas, todos na empresa precisam ser treinados para desempenhar um bom papel nesse duro jogo de vender mais e melhor. A gestão estratégica, o controle de produtividade, a operação comercial em si, são coisas bem diferentes e passam por cargos diferentes na cadeia produtiva em vendas. Gestores de vendas não são formados para tal função, de um modo geral. Eram ótimos vendedores e viraram gerentes ou diretores, e isso não quer dizer nada. Quase sempre, o gerente de vendas não recebe formações de sua empresa para mudar sua mentalidade (ou *mindset*) para comandar equipes. Tem dificuldades básicas de liderança e gerenciamento nessa área que, por si só, tem uma cultura completamente diferente de outras áreas da empresa. Vendedores não gostam de ter um chefe, de ter que preencher relatórios, de ter que participar de reuniões longas e que servem apenas para pressioná-los. Gerentes precisam impor tudo isso, mas, muitas vezes, não sabem como.

É aí que entra a reflexão de que precisamos nos atentar: a aprendizagem 360°. Todos precisam aprender a aprender. Desenvolvimento em vendas não segue, em linhas gerais, os moldes de capacitação comuns construídos pela área de RH. Um vendedor, um supervisor, um gerente e um diretor de vendas são profissionais especiais para o negócio e vivem num contexto de pressão absurda, que não permite que essa equipe pare por muito tempo. Por isso, convenções de vendas são feitas na maior parte das empresas apenas uma vez por ano. E nesta, cabe ao líder incentivar, cobrar, mostrar números, impor metas e fazer o time acreditar que é possível conquistá-las. A equipe aceita, ou finge que aceita o desafio, e segue o jogo. Três meses depois da convenção, o que se vê é o velho modelo de cobrança, que piora o clima, faz as pessoas se distanciarem do propósito vendido na convenção, ficarem a margem das metas, porque não retiveram conteúdo e técnicas suficientes para o desempenho. Empenho não é desempenho. Atitude não

DO QUE É FEITO UM CAMPEÃO

é resultado. É preciso um trabalho mais profundo. Mas como fazer se não dá para parar a equipe?

Há 20 anos, venho desenvolvendo um modelo de educação continuada em vendas, que sempre se adéqua às janelas de datas livres das equipes, em suas localidades, para que não exista muito impacto na operação comercial, e, no entanto, torne essa ofensiva de capacitação mais produtiva.

Meu amigo, Paulo Alvarenga, sempre diz:

> **SACRIFÍCIO É TEMPORÁRIO E RECOMPENSA É PARA SEMPRE.**

Se quiser fazer algo que dê resultado de verdade, que aumente o poder e a preparação de uma força de vendas, terá que dispor de um pouco de tempo, mensal ou bimestral, para fazer o treinamento modular de seus vendedores e líderes.

Eu costumo dizer que, se jogarmos 20 laranjas para uma pessoa de uma vez só, ela não segura quase nenhuma. Mas se jogarmos uma de cada vez ela consegue segurar todas, ou quase todas.

Se você quer ser um mestre de vendas, programe-se para fazer seu time acreditar não apenas nas metas e objetivos, mas no método de treinamento individual e coletivo, para que todos tenham, independentemente da experiência, maior preparação e motivação para chegar lá.

O melhor modelo de educação é aquele que coloca o profissional em ação, que permite troca de experiências, que prevê cooperação e competição ao mesmo tempo, mesmo que seja em sala de aula ou num auditório. As pessoas precisam ser desafiadas, terem oportunidade de se mostrar, compartilhar o que sabem (ou ainda não sabem). É isso que cria uma atmosfera de melhoria contínua e premia os melhores, de fato.

Não adianta dar troféus para os mesmos sempre, por suas vitórias em volume de vendas. Talvez, muitos dos que ganham prêmios e reconhecimento em sua empresa, nem mereçam. Existem vendedores que se beneficiam da região onde atuam, pois existem clientes que compram bem, independentemente do contato comercial que lá estiver. Tem líderes que preferem manter apenas parte, aliás, uma fração de sua equipe em destaque, evitando que tenha que trabalhar mais pelos que vendem menos.

Aprender a aprender é também para o líder. Aprender a ensinar, por exemplo, é um papel fundamental de quem contrata, forma e dirige vendedores e afins.

Em 2009, fundei o Instituto Marcelo Ortega, com a ideia de formar gerentes de vendas e treinadores oficiais na metodologia de treinamento *Sucesso em Vendas*, com base no meu principal livro.

O desafio foi revelador. Centenas de participantes em dez edições da formação G.O.L.D. (Gerente Orientador Líder em Desenvolvimento) e pouquíssimos preocupados em multiplicar

DO QUE É FEITO UM CAMPEÃO

de fato o que lá aprenderam. Passaram 4 dias comigo em um hotel, com mais de 30 horas de conteúdo e prática e, uma minoria, teve destaque e seguiu com o rico conhecimento para dentro de seu negócio ou empresa. É comum isso? Sim! Quem precisa mudar sua mentalidade, em primeiro lugar, é o gestor ou dirigente da empresa. Ele é o exemplo. Entre 2010 e 2013, fiz o meu maior projeto de Academia de Vendas, com base no método *Sucesso em Vendas*, para Brookfield Incorporações no Centro-Oeste do Brasil. Mais de 1.800 corretores de imóveis passaram pelas 13 turmas mensais que realizávamos em 4 cidades. O programa é lembrado por centenas de corretores com quem ainda mantenho contato. Muitos gerentes cresceram e se consolidaram ali, nesses três anos de parceria. Mas muitos líderes sabotaram o programa, dizendo para seus comandados irem na academia aprender, já que não vendiam bem. Eles próprios nunca lá estiveram, mesmo sabendo que o programa de treinamento mensal era para todos. Ouvi casos em que o corretor voltava do treinamento cheio de ideias para aplicar e o seu gerente o desanimava, pedindo que esquecesse essas baboseiras e voltasse para a rua ou para o plantão, apenas fazendo o trivial, porque ele, "o gerente", é quem deveria negociar com os clientes interessados.

Acreditem, essa centralização da autonomia e competência no processo de vendas é um retrocesso que precisa ser tratado. Vendedores, corretores, representantes comerciais precisam parar de ser apenas atendentes ou "auxiliares de compradores".

ACREDITO QUE MUITOS DOS LÍDERES QUE NÃO FORMAM SUAS EQUIPES TÊM DOIS MEDOS:

1	Temem que o vendedor se mostre muito melhor que ele (gerente) e possa fazer sombra ao seu papel;
2	Têm de investir muito tempo no preparo da equipe devido à rotatividade altíssima que se enfrenta no mundo comercial.

Esses dois medos são incongruentes com a realidade de hoje. Vendedores despreparados custam muito caro para a empresa, e o líder que se preza forma outros líderes, não apenas seguidores.

Eu sempre quis ter pessoas na minha equipe que fossem melhores que eu, que almejassem estar no meu lugar. Isso porque descobri que o líder que agrega é um bom estrategista e sabe colocar as pessoas no seu melhor papel, dando desafios e responsabilidades. Essas fazem a diferença e fazem o líder brilhar, não ofuscar.

Um gerente um dia me disse: E se eu treinar um vendedor e ele for embora? Eu respondi: E se não treinar e ele ficar?

Uma coisa que não se pode negligenciar, é a **ética**. A empresa se diferencia pela capacidade de formação e retenção de talentos, não apenas por sua capacidade técnica, mas pelo comportamento e ética. Mestres, líderes e educadores precisam olhar melhor para isso.

■ ■ ■

SACRIFÍCIO É TEMPORÁRIO E RECOMPENSA É PARA SEMPRE

CAPÍTULO 10
ÉTICA EM VENDAS

∎ ∎ ∎

O que dizer sobre ética num mundo competitivo ao extremo como é o mundo comercial? O que aprender e ensinar sobre o lado moral de um vendedor ou gestor de uma equipe? Permita-me começar pelo que aprendi da vida. Competir com ética é o que dá de fato sentido à vitória. Ganhar roubando, não vale.

Quando eu era pequeno, meu irmão sempre brigava comigo quando jogávamos qualquer jogo. Eu arreliava tudo quando perdia, estragava a brincadeira, dava um jeito de ganhar sempre. "Oh, moleque chato", ele dizia para minha mãe. Com o passar do tempo, quando o jogo era na rua, com nossos amigos, e eu tentava usar o mesmo critério, era logo escorraçado, colocado de canto, taxado como "café com leite" e tudo mais. Isso me fez ver o que é ser antiético, e logo, e da maneira mais dura, aprendi que não tinha a menor graça simplesmente ganhar sem respeitar as regras do jogo e especialmente os outros.

Convivo com vendedores há três décadas. Sou um competidor assíduo, continuo gostando de ganhar. Mas aprendi a respeitar o jogo, e nas vendas às vezes joga-se alto demais. Observei que uma pessoa que vence, pode:

- Vencer junto — convencer;
- Vencer sozinha — só vencer.

No primeiro caso, existe ética e, portanto, respeito moral ao cliente, à empresa, ao concorrente. No segundo, existe o tal "sucesso a qualquer preço". Não importa se o cliente sairá satisfeito, se a empresa terá prejuízo no futuro ou retrabalhos com a venda. Se o concorrente é bom também, basta atacá-lo e desconsiderar que o cliente pode não gostar desse tipo de estratégia.

No mundo das vendas para órgãos públicos, tendo trabalhado anos em grandes empresas, aprendi um jogo sujo de "dar bola" ou pagar propina para vender. Era comum em muitos segmentos em que atuei. Lembro-me como hoje, em uma companhia energética, numa reunião com a diretoria de TI, ouvi da boca do diretor que teríamos que dar 15% de "bola" para vencer a concorrência. Meu sócio na época concordou, e eu fui embora, remoendo aquela situação. Trabalhei tanto na elaboração da melhor solução para eles, numa proposta especial, com diversos gráficos de ROI (Return of Investment), e no fim, a diretoria sequer leu nossa detalhada apresentação. Apenas pediram bola.

Decidi, naquele dia, que minhas vendas e as de minha equipe seriam apenas vendas de mérito. Não fecharíamos aquela venda sem mérito, com propina para quem quer que seja.

Certa vez, um grande amigo, vendedor como eu, disse: Ortega, ética é passar pela vida e percorrer um caminho do qual você se orgulharia de trilhar novamente.

Um mestre de vendas deve pensar assim, como esse amigo. Uma venda não vale sua alma, sua moral, sua ética. Acredite.

• ÉTICA EM VENDAS •

Sempre me lembro de uma situação em que fui ver um empreendimento imobiliário para comprar um apartamento, e o corretor ficou o tempo todo comparando o produto deles com o de um concorrente. Dizia: o nosso tem área de lazer decorada, o deles não… o nosso tem área para *pets*, o deles não… o nosso tem acabamento de alto padrão… o deles nem tanto etc.

Ao sair do plantão de vendas dele fui imediatamente ver o do concorrente e comprovar se era ou não verdade. Eu nem pretendia buscar esse concorrente específico, caso o corretor não tivesse ficado o tempo todo repetindo a estratégia, a meu ver antiética, de apontar defeitos nos seus competidores.

Aprendi nos primeiros cursos de vendas que fiz, que precisávamos "induzir" o cliente a comprar. Tínhamos até técnicas para isso, como a técnica do "sim" consecutivo. Façam perguntas que as respostas do cliente sempre será sim, e tentem obter um sim numa pergunta de fechamento da venda.

O senhor quer o melhor resultado? Quer o conforto para sua família? Quer economizar e ter o melhor custo-benefício? Vamos aproveitar essa oportunidade agora?

Não direi que isso não funciona. Funciona, porque é uma espécie de engrama cerebral ou indução mesmo. Mas eu seria incapaz de usar essa artimanha hoje, e a um tempo atrás, pela incongruência dessa técnica com o que prego para meus alunos e participantes de treinamentos.

Se a outra pessoa, depois de fechar, não tiver plena convicção de que fez um grande negócio, certamente, não ficará satisfeita ou até se sentirá enganada. Perderei novas vendas possíveis para ela. Então, para vender uma única vez, é melhor não vender.

E você, pensa assim? Perderia uma venda para não perder um cliente?

Um gerente de vendas que tive contou que na Oesp (grupo Estado de São Paulo — páginas amarelas) tinha um vendedor que há muitos anos fez um carimbo sem autorização da empresa, obviamente, em que ele colocava o primeiro nome dele... (seguido de) ...PORMES.

Todos pensavam que o nome dele era "FULANO PORMES". Mas, na verdade, o *pormes* era uma falcatrua que ele usava para o cliente assinar um contrato mensal, pois PORMES, virava POR MÊS.

Maldita criatividade, nesse e em tantos outros casos.

Prefiro acreditar que vendedores assim sumirão do mercado em pouco tempo, afinal, o cliente de hoje não dá mais espaço para gente enganadora e antiética. Mas, certamente, esse é mais um sonho do que uma realidade. Com as vendas digitais, é impressionante o número de gente criativa e do mal construindo novos modelos de marketing para enganar clientes. Crimes digitais já beiram o absurdo de mais de 2 milhões de consumidores lesados, segundo a Delegacia de Crimes Digitais do Estado de São Paulo, em 2019. Obtive essa informação porque fui vítima de uma fraude recentemente. E pensar que ensino o quão é importante e custoso conquistar clientes, para perdê-los em

ÉTICA EM VENDAS

um instante. Será que as pessoas que praticam fraudes ou vendedores que induzem clientes com técnicas de comunicação são diferentes? Eu os coloco na mesma cesta. Para mim, são pessoas que pensam no "sucesso a qualquer preço" e não se orgulhariam do caminho que percorreram. Não existe meia ética. Não existe meio roubo. Roubou, enganou, sonegou, pagou propina, mesmo que seja pouco, cometeu um crime e, no mínimo, foi antiético.

Logo, quando se trata de ética, a questão é mais séria. Precisamos criar filhos vendedores. Isso mesmo. Se você tem filhos, sabe que educação pressupõe valores morais e éticos. Aquilo que ensinamos para a formação do caráter de nossos filhos.

Quando somos líderes neste mundo corporativo, precisamos educar nossos vendedores com os melhores princípios e valores, mesmo que sejam profissionais que não criamos. As empresas são centros formadores de crenças e valores, como as igrejas, as escolas, universidades etc., é compromisso de um mestre falar de ética em vendas, que aliás. É um tema pouco tratado e muito mal tratado entre vendedores, que muitas vezes são antiéticos com suas próprias marcas e empresas. É comum um vendedor atacar outros departamentos da empresa como forma de se defender de reclamações do cliente. É comum vendedores serem desleais com colegas que iniciaram a venda com um determinado cliente, que por sua vez não foi fiel e não apontou o esforço do primeiro vendedor ao lhe mostrar um produto ou serviço antes que o vendedor esperto tirasse o pedido dele.

É comum a falta de seriedade de revendedores em adulterar produtos, lojas, formato de serviços de uma marca famosa em que são franqueados ou autorizados. E, o mais triste, é comum ver líderes ensinando como praticar pequenos delitos para vencer a concorrência, com menor qualidade e com políticas que contrapõem a filosofia e os valores da empresa que representam.

Ficção? Não... falo com evidências em cada uma das situações. Por fatores éticos não exporei empresas nem pessoas neste livro, mas apenas reflita.

Como líder, ou como vendedor, você percorreria novamente o caminho que fez e se orgulharia? Então, conte como foi o percurso, mostre seus valores e fale de ética com seus colegas. Isso é mudar o mundo das vendas, dando fim a uma visão histórica de que nós vendedores só queremos levar vantagens, enganar, usar de papo de vendedor para ludibriar os outros.

Ética, esse é o papo de vendas que precisamos propagar.

No exato momento em escrevo este capítulo, recebo a notícia de Jack Welch morreu. Aqui sim está um líder inesquecível, um exemplo de ética. Em homenagem póstuma, segue um pensamento deste grande mestre:

> UM LÍDER NÃO É ALGUÉM A QUEM FOI DADA UMA COROA, MAS A QUEM FOI DADA A RESPONSABILIDADE DE FAZER SOBRESSAIR O MELHOR QUE HÁ NOS OUTROS.

■ ■ ■

ÉTICA, ESSE É O PAPO DE VENDAS QUE PRECISAMOS PROPAGAR

CAPÍTULO 11
FOCO NO DINHEIRO NOVO PARA O NEGÓCIO

■ ■ ■

No livro, *Foco,** de Daniel Goleman, ele cita uma frase de Ruth Malloy, diretora global de liderança e talento do Hay Group: *"Os líderes mais bem-sucedidos estão constantemente em busca de novas informações. Eles querem compreender o território em que operam. Precisam estar alertas a novas tendências e localizar padrões emergentes que possam ser importantes para eles."*

Goleman destaca nesse trecho do livro a importância do líder hiperfocado no mundo cheio de mudanças.

"ATREVA-SE A MUDAR E VENDA MAIS"

Tem sido um dos meus temas de palestras mais contratados por empresas em todo o Brasil. A grande mudança começa na liderança, que tem foco no futuro e nas crises para aprender com elas. O presente é o resultado do futuro, diz sempre, o meu

---

* Goleman, 2014, p. 215

mestre José Luiz Tejon. O que fazemos hoje é decorrente do que vemos à frente, não atrás. O que você comeu e quanto de exercício físico fez há um ano reflete na sua forma física hoje. Não é difícil prever o futuro se você o constrói um pouco todo dia. Por isso, proponho aqui, talvez, a mais importante reflexão para se tornar o Master Selling em seu segmento, empresa, equipe.

Você pensa como há dez anos, em vender e atender bem seus clientes? Ou pensa em conquistar novos mercados, clientes e dinheiro novo para seu negócio, oriundo de oportunidades que a maioria não vê ou não quer ver?

Algumas empresas têm e parece que sempre terão uma visão restrita de atendimento, pura e simplesmente.

Essa visão foi instalada há tanto tempo, que posso supor ter vindo junto com a frase:

O CLIENTE TEM SEMPRE RAZÃO!

MENTIRA. O cliente não tem sempre razão e não podemos atender a tudo que ele pede ou exige.

Atender bem é básico. Não destacarei como fazer isso. Leia *Sucesso em Vendas — 7 Fundamentos para o Sucesso*, meu livro mais completo sobre atendimento, vendas, negociação e relacionamento com clientes.

FOCO NO DINHEIRO NOVO PARA O NEGÓCIO

Quero aqui destacar o que vem depois de um bom atendimento e relacionamento com o *prospect* que será cliente ou não.

Prospectar é qualificar contatos que podem comprar aquilo que você tem para vender. Sua linha de produtos e serviços pode ser grande, ou não, mas você sempre poderá vender mais de um item para cada contato, se focar isso. Portanto, mais à frente destacarei ferramentas de vendas de *Cross & Up Selling* (vendas cruzadas e ampliadas).

Mas o que realmente importa não é apenas atender o cliente, é surpreendê-lo com algo que ele não espera em toda oportunidade que tiver contato com ele.

Criar um modelo mental (*mindset*) no time de vendas pode levar tempo. O bloqueio cultural de uma equipe em ser reativa, não proativa, impede muitos negócios de ocuparem um novo patamar de crescimento e resultados.

Por isso, muitos perdem espaço no mercado para concorrentes que já têm uma cultura "geradora de negócios", não apenas de vendas e atendimento.

Imagine um dos milhares de clientes que você atendeu e que porventura não fechou. Sei que a lista é grande, mas preferimos esquecê-la, porque não nos traz uma sensação boa. Afinal, você não fechou, foi uma oportunidade perdida.

Continue imaginando o que levou esse cliente a chegar até você, ou o que levou você a investir seu tempo (ou o tempo de sua equipe) em prospectar esse cliente.

Se ele não comprou agora, pode ter uma série de explicações para isso. Se perguntar para o vendedor, ou para si (se você for o vendedor), os motivos pela perda dessa oportunidade (desse *prospect*), certamente encontraremos várias respostas. No entanto, nenhuma delas será suficiente para quem tem uma cultura "geradora de negócios".

Um mestre de vendas não explica por que não conseguiu vender. Pensa estrategicamente no que será preciso fazer para conquistar esse cliente a todo custo. Mesmo que não seja naquele momento, mesmo que não seja vendendo o produto ou serviço apresentado.

Um *prospect* qualificado, ou seja, que um dia se interessou por sua empresa e seu portfólio de produtos ou serviços, não pode cair numa vala comum de clientes ou oportunidades perdidas, normalmente cheia, nas empresas que só pensam nos negócios fechados. Negócios perdidos podem ser buscados nas suas planilhas, no seu CRM (tomara que você tenha um), ou nas suas anotações. Se vasculhar o volume alto de clientes que foram perdidos, e vale dizer que na maioria das empresas oito a cada dez clientes não compram, existem oportunidades que são esquecidas no futuro.

■ FOCO NO DINHEIRO NOVO PARA O NEGÓCIO ■

ENCONTRE MUITO DINHEIRO NOVO OBSERVANDO OS SEGUINTES ASPECTOS:

1	*Prospects* ou clientes são valiosos e não podem ser categorizados como "perdidos" na lista de *leads*.
2	Pense neles como momentaneamente perdidos e crie um fluxo de ações para continuar se relacionando com essa base.
3	Vendedores não gostam de trabalhar clientes que compraram com o concorrente, e julgam que não existem mais chances de vender nesse momento. Um mestre de vendas acredita que todo contato é valioso e que o cliente comprará muito em breve.
4	Que produtos ou serviços você tem que o cliente, ou potencial cliente, poderá se interessar no futuro? Faça uma lista. Muitos produtos ou serviços são complementares ao do concorrente, que levou vantagem até agora. Ou ainda, esse cliente pode se frustrar com o concorrente muito em breve ou renovar seu contrato daqui um ano, e, portanto, você precisa estar na mente dele quando essa ocasião chegar.
5	Alguns sistemas de administração de carteira de clientes, CRM's poderosos, podem ajudar muito nessa triagem e *follow-up*. Não nos negócios em andamento apenas, mas nos negócios em que você, ou sua equipe, não vendeu.
6	Faça uma relação dos pontos mais importantes das conversas que teve com cada cliente em potencial que foi perdido momentaneamente. Cada vendedor tem a obrigação de reportar isso.
7	Crie uma estratégia de nutrição desse contato (*lead* ou *prospect* qualificado) para manter um relacionamento com ele. Exemplo: mandando informativos, conteúdo interessante, catálogos atualizados, convites para eventos de sua empresa, materiais de marketing, ou mesmo brindes. Alguns vendedores, mesmo sem ter vendido, criam uma espécie de sistema para lembrar datas comemorativas e agraciar seus contatos com a lembrança nos dias festivos.

continua

continuação

8	A internet nos dá uma lição sobre a importância desse processo. É uma técnica chamada de remarketing. Basta você tentar comprar algo, por exemplo, uma passagem aérea para qualquer destino e verá que depois, mesmo que tenha comprado em outro lugar, receberá informações de tudo que é jeito sobre o destino que selecionou e novas promoções de voos para lá.
9	Faça *inbound* marketing, ou seja, um funil onde o cliente que se relaciona com sua empresa, mesmo que não compre, sinta-se importante por ter outras informações e opções de produtos/serviços que possam ajudá-lo em breve ou imediatamente. Seu mix de produtos é grande, então ofereça para quem não comprou ou até mesmo comprou algo e não sabe que tem muito mais para ele se beneficiar.
10	Construa agora mesmo uma cultura "Geradora de Negócios", como mestre de vendas, discutindo com sua equipe sobre a importância do Pós-Não Venda.

■ ■ ■

VENDERÁ BEM QUEM FIZER COISAS RARAS, QUE TENHAM VALOR AGREGADO

CAPÍTULO 12
SEJA UM LÍDER INTELIGENTE EM VENDAS

Como nos tornamos líderes de uma equipe de vendas?

A maioria dos gerentes e dirigentes não sabe como chegou lá. Alguém o promoveu para tal cargo, mas não lhe deu a menor ideia do que enfrentaria.

Inteligência emocional não basta. Vendedores não são emocionais quando estão sob pressão. O líder de uma equipe não será um paizão quando a crise bater à porta ou o resultado estiver ruim. Inteligência em vendas é a soma de fundamentos que misturam regras, reconhecimento e resultado, como sempre digo.

Esses três R's, são vitais para quem pretende liderar ou lidera eficazmente.

No entanto, um líder que se torna um mestre de vendas, um educador e gestor completo, não se atém a um olhar somente sistêmico, embora, em vendas, ferramentas de gestão sejam uma problemática constante, já que cada empresa ou negócio tem seu método. Existe uma necessidade muito diferente dos demais setores da empresa, porque vendedores não compram a ideia de preencher relatórios e sistemas sem que esses os ajudem a vender mais.

Você conhece alguém que tem sucesso em vendas sem nenhum tipo de gestão? Sim, há dezenas de casos, que sem muito controle, por improvisação, conseguem ter performances espetaculares, mesmo sem saber como chegaram lá. Isso inspira muita gente a detestar métricas e CRMs (sistemas de gestão comercial).

Nos fundamentos do líder inteligente estão dois pontos que considero cruciais:

1. Olhar os objetivos individuais e coletivos

Sem conhecer cada membro de sua equipe, no que se refere a metas de vida, sonhos, objetivos, dificuldades e defeitos, fica muito difícil conseguir propor desafios para essa pessoa e ajudá-la a se motivar para chegar lá. Em 2003, fiz meu primeiro treinamento para uma grande empresa em São Paulo, onde entrevistei cerca de 80 vendedores antes de iniciar os trabalhos. Colocamos no fim do treinamento fotos de seus sonhos materiais (como carro, casa etc.) e experiências (como viagens, estudos, projetos da família), e ainda fotos de pessoas amadas (familiares e amigos) impressas e coladas no salão de vendas, como um exercício de compartilhamento entre todos da área comercial, que viam os seus sonhos e os dos colegas, e, assim, sentiam afinidade, solidariedade, emocionavam-se com a fotografia daquilo que estava na imaginação e na busca diária de cada um ali. Os reais motivos para a ação. Moral da história: dissemos a todos que o treinamento que durara sete semanas, ao qual nos entregamos a aprender técnicas de vendas profundamente, de nada valia se não fosse para que eles tornassem tudo aquilo que estava na parede em uma meta de verdade, com data definida para acontecer. Cada um se sente parte do todo, quando vê que seu líder se importa com sua história.

Claro que esse é apenas um exemplo de uma ação que certamente não é novidade para grandes líderes. Quero apenas que reflita aqui se você dá importância para a pessoa, antes desta ser um profissional de vendas que tem metas para atingir para a empresa. Se você considera que essa pessoa tem metas, sonhos, desafios pessoais, dificuldades e pretende vencê-las através da conquista de um volume de vendas maior. Portanto, precisa de uma liderança que o ajude a chegar lá.

Como mestre de vendas você passa a ser muito mais efetivo na vida dos outros quando não os trata apenas como números. Um mestre rege a orquestra como um maestro e mostra caminhos, dá incentivos, propõe mudanças e aceita o limite de alguns, fazendo assim com que tenham como ultrapassá-los no futuro.

2. Medição de avanços e correção de desvios

Quem detém a informação, detém o poder. Mestre é aquele que acompanha avanços individuais e coletivos. Vê o que se passa no dia a dia e promove reconhecimentos em torno de pequenas metas atingidas, não apenas das metas maiores. Cria uma comunicação mais direta com seus liderados e faz com que sintam que existe monitoramento nas vendas e nas atividades marginais ao processo de vendas.

Não adianta gerenciar volume de negócios se não valorizar o crescimento do número de visitas. Não adianta premiar quem vende mais, sem valorizar aqueles que venderam menos, porém com menor volume de desconto. É necessário um olhar para cada um para medir pequenos avanços, dar feedback fundamentado e propor correção de desvios.

Numa empresa do segmento alimentício, um gerente me pediu ajuda para aumentarmos a venda do mix de produtos. Fiz um treinamento fincado em *Cross Selling* e notei que a maioria sabia que poderia vender os 4 mil itens que eles tinham no portfólio, mas vendiam mais as commodities do que os produtos de valor agregado. Por quê? Por que eram mais fáceis de vender? Pode até ser, mas davam o mesmo trabalho em termos de visitas, processamento de pedidos etc. Muitos estavam acomodados e até eram premiados pelo volume de vendas em suas regiões todos os anos, e, portanto, não precisavam mostrar a venda do mix.

Criamos uma premiação específica para quem vendia o mix, agregava valor e destacava produtos que antes nem entravam nas negociações. Criamos duplas de trabalho, juntando os que não vendiam muito, mas vendiam de tudo, com quem vendia muito, mas não vendia de tudo. A cooperação criou um novo patamar de vendas, onde 80% da equipe passou a ter um plano diferente de comunicação com o cliente, mostrando novidades em cada visita, afinal, quando ampliamos o mix, temos muito mais o que apresentar ao prospectivo cliente. Os que conseguiam adicionar mais de um produto, que antes não era vendido, entravam numa faixa diferente de premiação e comissionamento, e aqueles que vendiam mais também tinham tratamento e reconhecimento especial. No entanto, as duplas tinham que ter desempenho. Não bastava vender muito, era preciso vender bem. Portanto, houve depois desse treinamento e dessa campanha de venda de mix, um aumento médio de 37% das vendas. Alguns que estavam para ser demitidos, passaram a ter um nível de importância muito maior na equipe e muitos dos vendedores mais antigos, acomodados, mudaram em muito seu comportamento, assumindo um papel de coliderança com o gerente comercial. Experiência aliada a desafios, dá um resultado extraordinário.

Existem empresas que criam competições o tempo todo e isso é saudável, no meu ponto de vista. Afinal, vendas é sinônimo de competição quando olhamos para o mundo aí fora. Quem não é competitivo deve reavaliar se sua área é vendas.

Já vi criarem times de vendas como um campeonato de futebol, com primeira, segunda e terceira divisão. Só os campeões ficavam na primeira divisão. Os demais iam subindo quando mostravam resultados melhores e, claro, eram monitorados e treinados para tal. A participação e os treinamentos eram definitivos para a mudança de patamar. Gerentes de vendas apoiavam e participavam como líderes inteligentes desse processo de desenvolvimento e melhoria de todos. Colíderes eram nomeados quando a estrutura era grande, e isso ajudava demais na formação de novatos. Incrível imaginar que vendedores passam a contar seus segredos de sucesso quando se sentem importantes e são beneficiados por isso, já que o coletivo também demandava premiações e reconhecimentos especiais.

> **O LÍDER INTELIGENTE É COGNITIVO, CRIATIVO, FAZ SUA EQUIPE SE SENTIR IMPORTANTE, MEDE AVANÇOS E CORRIGE DESVIOS O TEMPO TODO, CONTANDO COM OUTROS LÍDERES QUE NÃO PRECISAM TER O CARGO PARA TAL.**

■ ■ ■

VENDAS É SINÔNIMO DE COMPETIÇÃO

CAPÍTULO 13
QUER SER EDUCADOR, PALESTRANTE OU TREINADOR?

...

Mestre é professor. O arquétipo do mestre remete ao indivíduo que consegue ensinar, proferir palavras que promovem ensinamentos, especialmente, quando incluem exemplos. Mestre é líder, é o centro de conhecimento e de domínio de uma matéria. Mas, quando se trata da matéria **vendas**, temos um impasse nas referências que vemos, quase sempre sem o devido preparo para tal. Tornar-se uma referência nesse mercado tão "vivo" e "informal", faz do trabalho de muitos líderes uma saga.

A tarefa de comandar, formar equipes, ensinar, motivar e gerenciar produtividade, vai além de ser um professor de vendas. Um mestre, de verdade, tem competências diferenciadas para mobilizar seu time. Não basta ter sido um grande vendedor para se tornar um grande gestor. Não basta ser gestor para liderar com eficácia. A liderança em vendas se dá na habilidade de harmonizar a educação e a voz de comando. Disciplina associada a um bom clima define a lealdade de um vendedor à empresa e ao seu líder. Vendedores são "bichos soltos". Não gostam de controles, não são "domados" no chicote nem rédeas. Querem uma liderança que os motive, que os desafie e lhes dê responsabilidades.

Movidos pelo desafio e pelas intempéries do mercado, pelas barreiras comuns, pelas dificuldades da venda, são capazes de se motivar por simples competições e reconhecimentos, não apenas por dinheiro. Aliás, no livro *Inteligência em Vendas* descrevo amplamente os fatores de manutenção e de motivação de uma equipe comercial e destaco que, se o líder quer ser um mestre, não tem apenas o hábito de pressionar a equipe e tentar motivar apenas pelo dinheiro. Dinheiro e pressão sempre existirão, mas não motivam ninguém. O jogo real de quem comanda um time campeão de vendas passa muito mais pela importância que cada vendedor sente que tem na busca de resultados e os desafios que a ele são dados.

Portanto, os desafios de um líder completo, ou mestre, serão muito mais profundos e baseados em três áreas:

- Educacional;
- Comportamental;
- Gerencial.

Formar, treinar e dirigir uma equipe de vendas não é fácil. Quando contratamos um vendedor(a), temos que considerar sua experiência, sua capacidade de aprendizagem, sua velocidade de adaptação ao negócio (missão, visão, valores) e, especialmente, sua resiliência. Resiliência é ser capaz de aceitar pressão e não perder sua integridade e energia para continuar automotivado.

QUER SER EDUCADOR, PALESTRANTE OU TREINADOR?

Não é ser duro na queda. É saber apanhar, mas também saber a hora de bater. Vendedores, de um modo geral, convivem com frustrações diárias. Quando contratamos alguém, vemos que nas primeiras semanas ou meses esse profissional se mostra muito empolgado, mas isso diminui à medida que recebe negativas ou não atinge metas. O comportamento e a atitude se modificam, muitas vezes, pela incapacidade técnica que não é condizente com o nível de expetativa criado. Um vendedor ou vendedora, em seus primeiros meses de trabalho, precisa de treinamento e educação como base para a automotivação. Não adianta dar um curso técnico de produtos sem aliá-lo à parte técnica da venda em si. Saber como abordar clientes, como criar soluções, lidar com objeções, negociar pelo valor e não pelo preço, fechar no momento certo, abreviar o processo de vendas.

Vendedores não são "passeadores com pasta" como dizia Eduardo Botelho. Vendedores devem ser promotores de benefícios e ganhos reais aos outros, fazendo com que o produto ou serviço seja visto, considerado e valorizado.

Portanto, a parte educacional deve incluir:

1. **Conhecimentos técnicos:** ampla visão do mercado em que atua; aplicação de produtos e serviços em situações diferentes; experimentação real dos resultados positivos ou referências de clientes que servem como caso de sucesso da empresa ou negócio; comparativos com a concorrência; argumentos principais de venda,

enfocando benefícios gerais que são conseguidos após o uso de seus produtos e serviços; evidências que servem como ferramentas de vendas e suporte nas apresentações que faz; modelos de propostas que tenham enfoque na credibilidade, técnicas para negociar e fechar mais vendas com clientes novos e existentes.

Um mestre de vendas reúne todos esses elementos na hora de desenhar o modelo de treinamento inicial de sua equipe, e, claro, a reciclagem periódica de sua equipe, que não pode passar por treinamento técnico e comportamental com pouca frequência. Importante dizer, que na maior parte dos negócios que conheço, a área comercial é a que menos recebe treinamento. Isso porque vendedores não podem parar, na visão de líderes que apenas exigem resultado e são, por sua vez, pressionados a atingir metas.

Convenções de vendas não imprimem o modelo de educação ideal para vendedores quando apenas enfocam apresentar o que foi e o que deve ser feito dali em diante. Novidades de produtos, novas metas e objetivos, palestras motivacionais, não mexem com o brio nem formam uma equipe coesa, preparada e capaz de gerar resultados melhores, como poderiam ser. Falo isso com conhecimento de causa, por ter liderado de forma direta e indireta centenas de profissionais de vendas em 16 anos como diretor comercial de empresas nacionais e multinacionais. Fingir que treina é comum nessas grandes empresas. O RH não tem uma visão

QUER SER EDUCADOR, PALESTRANTE OU TREINADOR?

real das dificuldades de um vendedor, mas se esforça para modelar junto à diretoria comercial e à área de marketing trilhas de desenvolvimento, normalmente incipientes para a capacitação deste profissional tão essencial: o vendedor.

Num olhar bastante cético sobre motivação e treinamento em vendas, posso lhes assegurar: no fundo, nenhum vendedor quer o raso. Nenhum vendedor aguenta mais "oba, oba". Eles almejam "parar", se isso é imprescindível para rever seus hábitos, trocar experiências, medir avanços, corrigir desvios, aprender com os melhores, ver exemplos, adquirir novas habilidades e ter melhores ferramentas de venda e negociação para, de fato, conquistarem novos mercados e venderem mais para os clientes existentes.

Tenho para mim que uma palestra de vendas não pode ser apenas motivacional. Aliás, toda palestra é motivacional, ou alguém faria uma palestra ou treinamento para desmotivar alguém? Sei que existem pessoas muito técnicas, que ganham voz nesses encontros de vendas, e certamente cansam a equipe. Mas respeito profundamente quem tem conteúdo, não apenas performance. Por esse motivo, decidi criar há alguns anos, precisamente em 2009, um instituto com meu nome para formação de treinadores de vendas, com objetivo de ajudar gerentes e diretores de vendas, aqueles que têm de fato o conteúdo que interessa ao time de vendas, a saberem como ter metodologia de ensino na área comercial e performance de palestrantes e treinadores.

O desafio na parte educacional, talvez o maior, é a assertividade na comunicação e a estratégia de educação. Saber emocionar sua equipe, falar com convicção e vigor, dar conteúdo que seja aplicável na vida de seus vendedores, fará de você um mestre de vendas, um líder completo. Seu maior desafio será, portanto, aprender a ensinar e conduzir com maior frequência eventos de preparação e desenvolvimento técnico e comportamental.

2. **O comportamento de seu time:** como mestre de vendas, é culpa sua. Se a maioria não vende é culpa sua. Se muita gente é mandada embora, é culpa sua.

Assuma a responsabilidade para mudar não só o nível de preparo técnico, mas o lado comportamental de seu time como um todo.

Para isso, preciso destacar que o ambiente tem influência no resultado, mas não é o mais importante. Um nível acima vêm o comportamento, as capacidades, as crenças e valores. Isso é a teoria de níveis neurológicos, estudada há muito tempo, em especial, nos últimos tempos com os avanços da neurociência, que comprovam que as permissões e motivações estão nos níveis mais altos da pirâmide a seguir:

• QUER SER EDUCADOR, PALESTRANTE OU TREINADOR? •

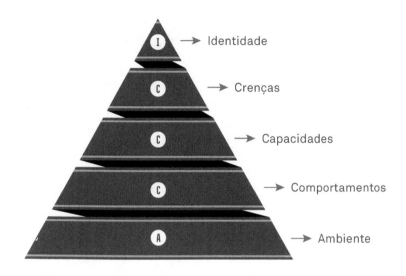

Figura 1: níveis neurológicos — mais informações: https://ispnl.com.br/niveis-neurologicos-de-aprendizagem/

Portanto, sem esmiuçar muito o lado do pensamento e das motivações, mas se concentrando naquilo que realmente importa no mundo das vendas, todo vendedor precisa de significado para mudar. E só aprende e aplica quando tem uma liderança que acessa sua identidade, entende suas crenças e lhe ajuda a ter novas capacidades. Do contrário, ficamos nos níveis mais rasos propondo mudanças, sem motivos convincentes.

Observe o gráfico a seguir e reflita sobre a qualidade e o resultado com que você consegue liderar sua equipe de vendas ou sua própria vida.

Tônus x Produtividades

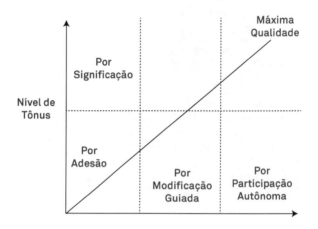

Figura 2: Gráfico comparativo para nivelamento de qualidade e resultados

O desafio de mudar o lado comportamental é gigante perante o que determina o sucesso e a máxima qualidade de uma equipe ou de uma pessoa, que seja. Tônus é o estímulo de um músculo, ainda que seja o cérebro, que precisa ser estimulado diariamente em vendas, num processo guiado no início para que as pessoas queiram assumir novos patamares de motivação e ação. Agir sem pensar, não dá. Criar vendedores mecânicos que reagem apenas seguindo *scripts* de vendas é coisa do passado. O que motiva um vendedor não é vender, mas saber que ele fez seu papel como tal, ou seja, criou a oportunidade, encontrou argumentos, superou as objeções e vendeu pelo valor, no menor intervalo de tempo possível.

QUER SER EDUCADOR, PALESTRANTE OU TREINADOR?

Se o gerente é quem fecha a venda, o vendedor se sente incompetente, coadjuvante, sem importância. Por falta de motivação, muitos tomam uma postura muito reativa com o passar do tempo e sem treinamento, colocando-os no nível de atitude depois. Sabem que seu líder (ou mestre) não os considera capazes de fazer grandes vendas.

Como disse, um grande mestre precisa formar novos líderes, não apenas seguidores.

Quando formamos um time de pensadores, vendedores estrategistas e negociadores ousados, temos um time de brio para encarar metas cada dia maiores. O time aprende com os desafios e assume novas metas, sempre visando crescimento, que é inerente ao mundo comercial. Vender mais e melhor requer um trabalho de formação profundo, diário, com alta performance de comunicação e gestão.

> 3. **Gerenciamento:** é o elemento que dá sentido a todo o modelo de liderança inteligente em vendas. Portanto, o mestre mostra sua inteligência com o uso de informações para que sua equipe saiba que ele está de olho, que está junto e que, principalmente, não está ali apenas para cobrar, pressionar e exigir.

Quem educa e forma incentiva naturalmente, e ganha o direito de cobrar, analisar, e até demitir (sem o peso que esse ato remete).

Alguns mestres se destacam por terem o prazer de ensinar o que realmente importa, técnicas que mudam a performance de um vendedor. Algumas são indiscutivelmente essenciais e, dentre elas, há o ensinamento que um mestre de vendas não pode prescindir: veremos a seguir.

▪ ▪ ▪

NÃO BASTA TER SIDO UM GRANDE VENDEDOR PARA SE TORNAR UM GRANDE GESTOR

CAPÍTULO 14
O PRINCIPAL ENSINAMENTO PARA UM VENDEDOR

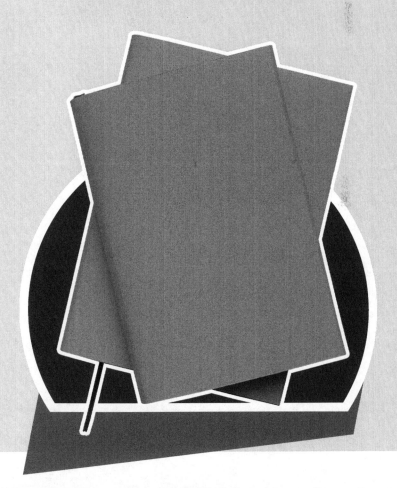

■ ■ ■

Repare como vender é fácil se percebermos que seu maior desafio está na coisa mais simples do mundo: saber perguntar. Aliás, a maior prova de empatia entre as pessoas é querer conhecê-las melhor para depois oferecer algo, ainda que seja uma opinião, conselho ou ideia. O mundo anda muito diferente, especialmente de uns tempos para cá, onde ninguém quer saber de ninguém. Robôs fazem pesquisas de satisfação e algoritmos nos classificam como isso ou aquilo, clientes bons, satisfeitos; clientes ruins, insatisfeitos etc.

Vendedores não gostam de fazer pós-venda. "Você me indicaria a um amigo?", que é a chave do livro *A Pergunta Definitiva*, é uma questão temida por todos. Vai que o cliente reclama ou diga que "não". E o medo de perder uma venda?

O pior é que a pergunta anda em desuso nas relações humanas faz tempo. Parece que ser "adivinho" está em moda. "Eu já sei o que você quer!" ou "Não precisa me falar mais nada..." é cada dia mais comum. As pessoas parecem não ter mais paciência de ouvir os outros ou se interessar. Colocar seu processo de relacionamento com clientes no automático pode até dar algum resultado, quando o modelo de vendas é impessoal, transacional, absolutamente digital. Questionários online ajudam a parametrizar perfis de consumo, ou nos dão uma direção de como reagir a um potencial cliente de mais produtos e serviços. Mas, no cerne da questão: perguntar é a base da venda consultiva, a resposta é absoluta e definitiva: sim, não há venda de nada sem conhecer tudo.

Tudo o que conhecemos até aqui nos melhores métodos de vendas e relacionamento com cliente passa pela busca de informações antes da elaboração da proposta, de fato. Quem não faz disso uma prática, não vende, empurra algo e, às vezes, consegue.

Durante todos esses anos treinando e formando equipes comerciais, posso lhes garantir que vendedores sabem da importância de perguntar, mas não praticam na vida real. Em treinamentos, temos um módulo específico de comunicação, abordagem e levantamento de informações do cliente, onde ensino como se revela o **DNA do cliente**. DNA para mim é mais um dos diversos acrósticos que criei no método *Sucesso em Vendas*®. Significa:

- Desejo;
- Nunca;
- Aparente.

O PRINCIPAL ENSINAMENTO PARA UM VENDEDOR

É o lado intangível da venda, que tem a ver com emoções, permissões e motivações de cada cliente em potencial, que não são reveladas sem uma sequência eficaz de perguntas.

Perguntar aproxima você das pessoas, cria empatia, mostra seu interesse pelos outros. Desfaz barreiras, aumenta exponencialmente suas chances de atender às necessidades reais, não superficiais.

Perguntar cria oportunidades, faz as pessoas pensarem, concluírem que não estão no caminho certo, muitas vezes, na escolha de seu concorrente.

> **PERGUNTAR É ÉTICO,
> É PROFISSIONAL,
> É RELEVANTE.**

Certo dia, encontrei no aeroporto de Lisboa um livro com o título: *Se não sabe por que pergunta?* É um livro interessante, porque mostra um lado que eu não tinha pensado sobre as relações interpessoais e a comunicação. Realmente, perguntar por perguntar, não nos dá nenhuma qualidade de comunicação e aproximação com nossos objetivos. O direcionamento da conversa é algo fundamental, e deve ser feito pelo vendedor quando está tentando levar o cliente a comprar. Se quer vender, deve-se fazer perguntas que extraiam respostas e numa sequência que possa revelar informações cada vez mais profundas e importantes, que garantam que você está enquadrado no perfil certo para suprir desejos e necessidades da outra pessoa.

Muitas vezes, sabemos quais as possíveis respostas do cliente às perguntas que formularemos. Mas é importante que as façamos para que o cliente verbalize, conte detalhes, confirme o entendimento que já temos sobre ele.

Supor é arriscado demais. Mesmo quando se trata de algo óbvio, uma pergunta aberta é bem-vinda. Aliás, chega de perguntas fechadas, que apressam a conversa com clientes e interlocutores de um modo geral. Gente sem paciência faz perguntas diretas e fechadas no início da conversa, tentando induzir respostas para não perder muito tempo. Se não tiver disponibilidade para entender, não atenderá. Entende?

Entender para atender! É um clichê hoje em dia, mas eu digo isso há 17 anos, desde que comecei minha vida como treinador de equipes de vendas.

O PRINCIPAL ENSINAMENTO PARA UM VENDEDOR

ARMADILHAS NA HORA DE PERGUNTAR:

1	Começar as perguntas de forma muito direta, com perguntas fechadas, como já disse.
2	Usar palavras negativas: "Você NÃO quer me contar mais sobre sua empresa?" Você já colocou a resposta na pergunta: NÃO.
3	Usar preposições como SE e MAS: "Se a gente avançar, poderíamos iniciar este mês?" "Concordo contigo, mas não acha melhor fazer assim." A condicional "Se" faz o cliente, ou quem quer que esteja lhe ouvindo, pensar na possibilidade de fazer e de NÃO fazer o que propõe. Troque por "Quando". Aí a pessoa se vê fazendo aquilo que está propondo na sua pergunta. Já o "Mas" serve como uma borrachinha e apaga tudo que disse antes. É ruim, afasta as pessoas, mostra que você não valoriza o que ela pensa. "Você não concorda com ela e pensa assim..." é o que está dizendo. Troque o "mas" pelo "inclusive" e verá como fica melhor.

Estou destacando para você, que é mestre de vendas ou almeja ser, sobre o quão importante é a pergunta na comunicação para que aprenda a ensinar pessoas a formularem boas perguntas em sua empresa e no processo de vendas e negociação. Mas lhe adianto: não é fácil.

Como mencionei, por treinar pessoas há muitos anos, a ansiedade do vendedor em vender é maior que sua paciência para entender o cliente. Qualquer sinal de compra já é motivo para vendedores afoitos formularem perguntas de fechamento, não de entendimento. Portanto, as perguntas abertas são esquecidas em detrimento de perguntas fechadas, de fechamento.

Perguntas abertas servem para confirmar o entendimento de uma mensagem.

"Deixe-me ver se entendi bem..."

— O senhor prefere este modelo?

— Podemos iniciar pela filial?

— O contrato será emitido em nome de sua esposa?

Note que são perguntas que têm como opção apenas duas respostas: sim ou não.

Parece básico, mas não é! Isso porque a arte da pergunta tem muito mais a ver com uma mudança de hábito do que com o processo de vendas.

O PRINCIPAL ENSINAMENTO PARA UM VENDEDOR

Se eu lhe mostrar um casal numa loja, com dois filhos pequenos, interessados num carro, o vendedor está vendendo que tipo de carro? Grande, familiar ou esportivo?

Digamos que um dos filhos do casal não está ali e o rapaz fará 18 anos.

Que carro eles procuram?

Digamos que eles já têm um carro confortável e o filho mais velho acabou de ganhar uma moto, e nem gosta de carros. O esposo trabalhará numa outra cidade e precisa viajar muito, mas não quer deixar a esposa sem o carro, com dois filhos pequenos.

E por aí vai.

Note que o contexto inicial muda em todo tipo de venda, não apenas na história do carro.

Imagine um cliente que já escolheu um concorrente e lhe pede uma proposta apenas para constar da concorrência, como referência de preço. Mas você não sabe, mobiliza sua equipe para elaborar os melhores gráficos, conteúdo técnico, desenhar uma solução especial, que toma tempo e dinheiro de sua empresa, para propor um negócio que julga ser quente e está em vias de fechamento, dada a necessidade aparente do cliente estar totalmente alinhada com aquilo que vocês vendem.

Depois de apresentar a proposta, você descobre que toda a urgência que o cliente tinha para recebê-la era apenas "fachada" e o interesse dele não era para avançar com sua empresa.

O que acha que faltou? Sim, faltou fazer perguntas antes da proposta, do tipo:

"Como será o processo de decisão?"

"O que você já tem visto no mercado entre produtos concorrentes?"

"De 0 a 10, qual é seu nível de interesse em nossa empresa?"

E o que fazer se, com a afinidade que você criará com o cliente, ele lhe disser que já existe uma solução em vista, mas que ele precisa de três orçamentos para decidir.

Existem perguntas manipuladoras:

"O senhor não pode estar certo de que já encontrou o melhor para sua empresa em termos de performance e economia, não é mesmo?"

Note, que coloquei duas vezes o "não" na pergunta, e sim, quero que ele me diga "não". É a mesma história do uso do "Não" como armadilha. Mas, nesse caso, eu quero a negativa, do tipo: "Não, por que? Você tem algo melhor mesmo?"

Criar uma dúvida na cabeça de quem já está decidido é uma arte.

Existem líderes que não valorizam o modelo de venda consultiva. Aliás, não há nada de novo na venda consultiva, já que estamos falando de processos relacionais desde os anos 2000, quando o mundo aprende que vende mais quem entende mais o cliente.

■ O PRINCIPAL ENSINAMENTO PARA UM VENDEDOR ■

Mesmo assim, falar que é consultivo não significa ser de fato.

Consultivo é o profissional de vendas que torna os problemas de seus clientes, seus, e os ajuda com veemência na solução. Consultiva é a empresa que treina seus consultores de clientes ou vendedores para pensarem fora da caixa, não visando somente uma transação comercial, mas uma profunda vontade de sempre desenhar propostas únicas, de valor, relevantes de verdade, a cada cliente maravilhoso que se pode conquistar.

E, se for para definir venda consultiva nos dias de hoje, eu diria que esse título deveria ser mudado para venda consultiva e empreendedora. Empreender significa desbravar, buscar novos caminhos, criar rotas, abrir portas. O intraempreendedorismo é pensar com a cabeça do dono. Vendedores precisam ser assim. Os mestres de vendas são assim. Líderes que formam equipes para empreenderem em cada venda, até mesmo fazendo mais do que o que são pagos para fazer, criam equipes que emocionam clientes, criam vínculos e lucram muito mais ao longo do tempo. Parece desperdício fazer mais e não ganhar por isso, mas pode apostar, garanto-lhe que não.

Vi um taxista em Brasília, em 2009, chamado Genival, fazendo do seu táxi um Uber Black, quando ainda não haviam Ubers. Ele era um empreendedor de primeira e fazia do seu carro um centro de facilidades para o cliente. Tinha computador, impressora, água com gás e sempre na geladeirinha, revistas, jornais, balinhas etc. Hoje ele tem dez carros de transporte executivo e todos os motoristas (consultores de clientes, como ele mesmo chama) atuam como donos do negócio, pensam como ele e não se abalam com motoristas de aplicativo. Cada cliente cativo que conquistaram foi por causa de um serviço diferenciado.

Já que entrei em atitude e comportamento, por que não dizer que a arte da pergunta serve para você analisar as perdas de clientes para a concorrência. Já pensou em promover uma pesquisa com clientes que não compraram, usando aquela estratégia de vendas numa cultura "Geradora de Negócios", não apenas de "Atendimento"? Os clientes que não compram precisam responder questões como:

- O que faltou para que pudéssemos conquistar/manter você como cliente?
- Nossa empresa ainda é considerada como opção para o futuro?
- Quer que façamos algo especial para demonstrar o quanto temos interesse em você?

Perguntar é a arte de gerar convergência de informações e de criar um real interesse, desfazendo barreiras e eliminado ruídos na comunicação.

Só com informação e boa comunicação criamos propostas únicas, soluções memoráveis, relações perenes e de confiança.

■ ■ ■

INTRAEMPREENDEDORISMO É PENSAR COM A CABEÇA DO DONO

CAPÍTULO 15
PROPOSTAS COMERCIAIS COM CREDIBILIDADE E CRIATIVIDADE

■ ■ ■

Uma proposta feita por um Mestre de Vendas, não é uma proposta convencional, padronizada, o famoso Control C + Control V.

Primeiramente, ninguém quer ser tratado como um qualquer. Um cliente não permite mais um atendimento ruim ou mesmo mediano quando existem opções melhores, nem sempre mais caras. Diferenciação, nesse caso, por apreço aos detalhes e uma capacidade descomunal de oferecer um conjunto de soluções de alto valor, ainda que seja num simples produto ou commodity. Por trás de um produto convencional existe uma estrutura diferenciada que precisa ser mostrada. Ainda que essa estrutura seja o seu jeito de atender, de prover informações, de educar o cliente durante o processo de apresentação de sua empresa ou negócio. A credibilidade é o eixo de sustentação de uma proposta Master Selling. Convicção no discurso, evidenciação dos resultados por meio de uma boa "caixa de ferramentas", que aliás é o assunto do próximo capítulo deste livro.

Reflita: Você gosta de sua apresentação comercial em forma escrita, mostrada ou falada? Teria como melhorar? Penso que sim, não?

Se sim, considere os aspectos que descreverei como base para a mudança e melhora de seus fatos positivos, que precisam ser mostrados, caso a caso, são desenhados a cada cliente ou necessidade.

Não adianta mostrar um ferramental vasto de informações e evidências de sucesso para o cliente que não tenham aderência a sua realidade. É comum vendedores e gerentes de equipes terem um arsenal exagerado de informações que, em sua maioria, não servem para emocionar e criar a confiança de compra para um cliente que não os conhece, ou até conhece, mas não vê o real motivo em comprar com sua empresa, comparando-a com a concorrência. Concorrência essa que, por sua vez, também é convencional e diz fazer exatamente o que você faz.

Acredite, sempre existirá alguém ou algum negócio concorrente ao seu que faz o que você faz por um preço menor. Se a competição está no preço, você sabe que seu negócio não tem valor.

Não seja uma "fábrica de propostas"! Evite fazer propostas vazias e, ao mesmo tempo, cheias de baboseiras que ninguém lê.

PROPOSTAS COMERCIAIS COM CREDIBILIDADE E CRIATIVIDADE

Uma proposta comercial irresistível — se é que esse é o termo, mas está na moda — deve ter:

- Relevância para o cliente;
- Palavras assertivas;
- Soluções únicas e customizadas;
- Serviços associados a produtos;
- Evidências claras relativas ao ponto mais importante da necessidade ou DNA do cliente;
- Uma carga dramática ou até mesmo teatral de informação falada ou mostrada para ser memorável;
- Uma dose considerável de esforço extra, em especial para clientes que não lhe conhecem ainda. Algo que você dá antes de vender para criar o senso de reciprocidade;
- Uma visão analítica de custo x benefício x experiência positiva antes, durante e depois da compra;
- Tempo de validade para criar senso de urgência;
- Fatos, ganhos, aplicações práticas;
- Alinhamento de etapas, incluindo que a apresentação de um projeto ou proposta é, a meu ver, parte da venda.

Tive um mestre de vendas, chamado Ricardo Galebe, que me dizia sempre: "Quando entro num cliente, sinto que já vendi, só ainda não sei o quê."

Na minha proposta comercial padrão, embora não goste de padronizar nada, sempre coloco a apresentação da proposta como primeira etapa dos trabalhos. Às vezes, até cobro pelo desenvolvimento da proposta ou projeto "piloto" em caso de o cliente não aprovar o projeto como um todo. Isso significa mostrar que estou trabalhando duro para customizar o projeto para ele e não posso perder meu tempo, nem o dele, com a investigação e a criação de uma solução especial, caso ela não seja aprovada. Acredite, muitos clientes aceitam o desafio e a proposta de cobrar por essa etapa em caso de não fechamento. E dificilmente eu cobro, porque o cliente que aceita, mostra que quer seguir comigo e com minha equipe, sentindo-se seguro com minha segurança em propor algo assim, antes da venda de fato.

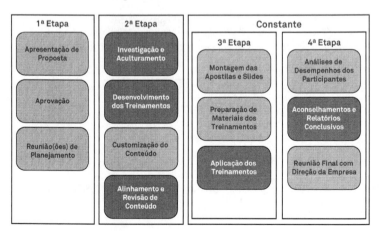

Figura 3: Um dos slides de minha proposta comercial mostrando a apresentação da proposta como etapa dos trabalhos.

PROPOSTAS COMERCIAIS COM CREDIBILIDADE E CRIATIVIDADE

A primeira e segunda etapas dos trabalhos normalmente são categorizadas por mim e por minha equipe como "due diligence" ou "pre-work" e nos dão um trabalhão, portanto, precisam ser valorizadas pelo cliente.

Quero destacar que uma proposta de valor tem uma sequência lógica para ser estruturada:

1. Comece pelos fatos positivos que sua empresa tem e que se relacionam com o cliente. Seu produto ou serviço são diferenciados em vários aspectos, no entanto, quais deles são aderentes ao cliente. Destaque apenas os que o cliente precisa conhecer de fato;

2. Destaque benefícios verdadeiros e que serão conquistados com a compra. Se o cliente quer economia, fale sobre isso no segundo momento, logo em seguida aos fatos. Vale lembrar que um fato positivo, e para ser fato, precisa ser provado e, portanto, precisa de provas ou evidências;

3. Mostre exemplos de sucesso, apresentações ou simulações, deixe o cliente saborear um pouco do que ele terá ao comprar. Se não tem como fazer isso, use testemunhos de clientes satisfeitos, dados estatísticos produzidos por fontes externas e confiáveis, conduza o cliente através de palavras e histórias que agucem sua imaginação, é uma boa forma de amplificar seu desejo de compra;

4. Proponha preço, prazo e condições comerciais alinhados com seus critérios de compra e uso. Não adianta mostrar algo que ele não possa comprar;

5. Defina os próximos passos. Você não fechará a venda de imediato, via de regra. Pense assim, mesmo que trabalhe numa loja ou comércio em geral. O cliente precisa objetar, pensar, racionalizar antes de decidir. Mas você deve estar no controle, fazendo mais uma vez a grande arte da venda que é uma pergunta aberta: O que lhe parece a minha proposta?

Segundo Charles M. Futrell, num livro que gosto muito, *Vendas: O Guia Completo*, Vendedores, Instrutores de Vendas e Gerentes concordam que o aspecto mais desafiador, gratificante e agradável da interação entre comprador-vendedor é a apresentação de vendas.

Uma apresentação eficaz explica completa e claramente todos os aspectos da proposta do vendedor em relação às necessidades do comprador.

Uma boa questão antes de elaborar a proposta é: "Para quem esta apresentação está sendo feita?"

Se o decisor por sua proposta será o diretor de TI, terá que posicionar coisas que ele valorize em destaque na proposta. Nem sempre, as informações que te levaram a prospectar este negócio vieram de um contato com esse diretor. Ele só aparece na reu-

PROPOSTAS COMERCIAIS COM CREDIBILIDADE E CRIATIVIDADE

nião de entrega do projeto. Logo, isso muda todo o contexto. Você deve, antes de fazer a proposta, encher o *sponsor* (influenciador, contato intermediário, demandante da proposta) para que ele te dê, ao máximo, informações de como pensa e decide o diretor dele. Procurar delinear uma proposta que tenha uma lista de fatos e benefícios relevantes para a visão do influenciador e, ainda, pensar como se estivesse no papel de diretor de TI, e de como gostaria que a proposta fosse elaborada. É uma tarefa mais difícil, porque não teve contato nem tempo de entender (entrevistar) o principal decisor.

No entanto, perguntas de qualificação ajudam na etapa anterior a proposta:

Como é? Como deveria ser? O que impede? O que significa? — São quatro etapas de uma crescente metodologia de investigação que todo mestre de vendas deve saber fazer para desenhar sua proposta comercial.

O significado de compra é a última pergunta e ela deve ser feita para a pessoa e pensando ainda no chefe dela, nesta situação em que você não está falando com quem decide. "Em sua visão, o que significará para seu diretor se atingirmos o resultado esperado?" Essa resposta vale ouro e só se conquista com muita afinidade e vínculo com o contato que lhe deu abertura e demandou a proposta.

Se tiver sintonia de verdade, uma profunda afinidade antes da venda, ele(a) lhe dirá como o seu superior pensa e age. Isso coloca você numa posição privilegiada.

Quando essa pessoa não tem firmeza ou não conhece bem seu superior, recomendo barganhar uma conversa com esse decisor antes de finalizar a proposta ou enviar por e-mail.

Lembre-se que uma proposta enviada às pressas, para quem não decide pela compra, é um tiro no pé. Você pode expor sua empresa à toa, abrindo informações que podem parar nas mãos da concorrência, porque o cliente não lhe deu nenhum valor nem terá apreço por seu esforço em atendê-lo.

NÃO DESPERDICE SEU TEMPO COM QUEM NÃO LHE DÁ VALOR OU NÃO PODE COMPRAR SEU PRODUTO OU SERVIÇO.

▪ ▪ ▪

NINGUÉM QUER SER TRATADO COMO UM QUALQUER

CAPÍTULO 16
FERRAMENTAS DE VENDAS

Agora o assunto é chato! Muitos mestres não gostam de controles, mas são mestres porque lideram bem, ainda que sem ferramentas adequadas de gestão. Não tiro o mérito de quem ainda vive à moda antiga, porque cresci no meio de vendas onde vendedores sempre correram dos relatórios, e gestores (ex-vendedores) apoiavam a improvisação e reuniões fundamentadas em pouquíssimas informações, com muito papo e promessas infundadas.

Quando iniciei no mundo comercial como gerente de vendas, criei o método "Inteligência em Vendas" sem saber. Defini quatro principais controles que concluí como fundamentais para organizar a produtividade, o processo individual de meus 40 vendedores e, ainda, suas previsões de vendas, com históricos de conversas com clientes.

Estes quatro controles são: agenda produtiva — porque se concentra na estratégia da semana e na geração de novas oportunidades sempre; mapa de oportunidades — para medir e aplicar técnicas de vendas em *Cross & Up Selling*; *pipeline* — funil de vendas de cada vendedor para medir avanços durante as etapas de venda; *forecasting* — uma planilha de previsões de vendas (somente clientes com propostas colocadas) destacando a semana do mês corrente em que os negócios seriam fechados.

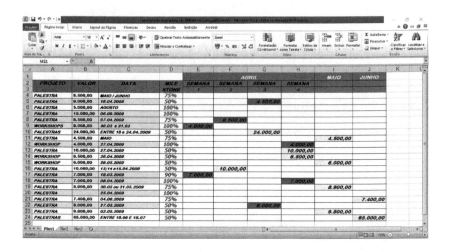

Figura 4: Exemplo de planilha de previsões de vendas

Acima, um exemplo de uma previsão de vendas da minha equipe e, a seguir, ferramentas básicas e poderosas que menciono e ensino em meus treinamentos:

FERRAMENTAS DE VENDAS

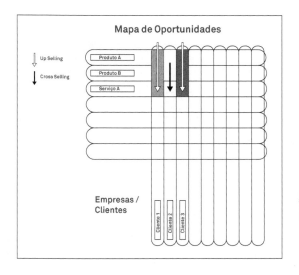

Figura 5: Mapa de Cross & Up Selling

Figura 6: Pipeline — conceito de funil de vendas para análise de etapas com clientes

Com essas ferramentas posso lhes assegurar que conduzi, por mais de 12 anos, equipes heterogêneas ao sucesso, atingindo um nível de resultado muito superior ao do gestor anterior. É claro que, quando se trata da parte chata da venda, quase ninguém quer mudar o que existe. Hoje, os CRMs de respeito, como Sales Force, Dynamics, vTiger, entre outros, já têm painéis de controle (*dashboards*) com muito mais sofisticação da informação apresentada, num olhar muito mais analítico, com indicadores não imaginados por um garoto de 25 anos que assumia em 1999 uma equipe com 40 pessoas numa multinacional de renome.

Quando cito essas ferramentas de gestão, quero aqui demonstrar o meu profundo respeito a quem se apropria do sistema e das métricas para usá-las em reuniões e conversas individuais. Mestres de vendas são favoráveis à administração da venda. Gostam de relatórios que reportem suas taxas de conversão, sua produtividade por período, análise de mix, lucratividade etc.

Sabem que os sistemas bem alimentados e constantemente analisados permitem voos mais altos e mais seguros. Assim como pilotos precisam de controles na aviação, vendedores também precisam mapear oportunidades todos os dias, mesmo os que já têm uma boa carteira de clientes. Capilaridade, venda horizontal e vertical, sendo *hunter* (caçador) ou *farmer* (fazendeiro) como muitos gostam de se qualificar, todos precisam bus-

FERRAMENTAS DE VENDAS

car dinheiro novo, nos novos e velhos clientes. Manter a base compradora requer atenção aos detalhes, contatos constantes, ferramentas de monitoramento e de *follow-ups*.

Sistemas de automação da força de vendas definitivamente ajudam no crescimento, como pude comprovar como gestor, como diretor comercial e como consultor e palestrante, onde estou há 20 anos, tendo transitado em centenas de organizações mundo afora. As que vendem mais, usam a parte estratégica como alimento para o lado tático e operacional. Sistemas e métricas produzidas precisam adentrar negócios que ainda vivem do improviso, das anotações nos cadernos de vendedores, das planilhas individuais e não gerenciáveis pelo comandante ou mestre.

Vendedores também precisam renovar seus hábitos no que tange suas ferramentas de trabalho: o mundo mudou e não se pode mais viver de *folders*, catálogos e listas de preços. Vendedores modernos ou contemporâneos são mais tecnológicos, eliminam papéis, usam apresentações digitais, amostras mais leves, cartões, cadernos e até brindes mais criativos e elegantes, que impactam positivamente sua imagem e a da empresa que representa. No entanto, isso é básico. As ferramentas mais importantes da "caixa de ferramentas" de um vendedor são aquelas que determinam a credibilidade de sua apresentação e ainda a tornam muito mais marcante, memorável, de bom gosto e relevante para a venda.

ALGUNS EXEMPLOS DE FERRAMENTAS DE VENDAS DO VENDEDOR DE CAMPO:

1	Testemunhos de clientes, escritos ou em vídeo;
2	Apresentação digital do produto, dos seus modelos de serviços propostos, da sua empresa;
3	Amostras físicas, objetos que remetam ao uso do produto;
4	Estatísticas, dados de jornais e revistas que ajudem a convencer o cliente com fontes externas e mídias de reputação;
5	Experiencialização — neologismo para denominar a importância da experiência do cliente antes da compra. Algo que toque os sentidos humanos, permita o cliente tocar, sentir o perfume, degustar, ver e ouvir;
6	Brindes, pequenos mimos com inteligência — materiais criativos de marketing;
7	Folhetos, prospectos, *folders*, cartões de visita — precisam ser muito bem pensados e não devem ter informações convencionais. Se seu cartão de visitas tem seu nome, telefone, e-mail... ou seja, apenas dados pessoais, jogue-o fora. O cliente o fará;
8	Uso de contatos pelos meios digitais — QR Codes que conectem o cliente ao seu principal site ou rede social são um exemplo de modernização da forma de contato;
9	Propostas mais elegantes e criativas;
10	Materiais que permitam teatralizar a venda: algo que se quebre ou que voe durante a reunião. Imagine! Algum tipo de brinde que encante o cliente e sirva como algo para ele lembrar o que ganhará comprando com sua empresa, com sua equipe ou com você.

FERRAMENTAS DE VENDAS

Sinceramente, eu adoro me lembrar de tantas histórias que ouvi esses anos todos em vendas.

Tive vendedores muito criativos que inspiraram a mim e outros colegas, como o Guimarães, que colocava um nariz de palhaço sempre que o cliente pedia descontos. Ou o Nogueira, que rasgava uma nota de R$100 dizendo que o cliente perderia dinheiro se comprasse em outro lugar. Logo depois, dizia que se rasgasse a nota bem no meio o banco trocava.

Atenção, não saia rasgando dinheiro, apenas imagine a cena e o quanto ela marcava o cliente positivamente! Sim, positivamente, pois pude presenciar ambos fazendo essas maluquices e depois conferi o cliente caindo na risada.

> **NOTE QUE O CERTO E O ERRADO, EM VENDAS, NÃO EXISTE.**

Se dá resultado, eu apoio, até maluquices.

Mestres precisam ensinar teatro a seus vendedores. É uma ferramenta e tanto de comunicação. A venda é um teatro e a cena da apresentação da proposta requer um algo mais, um lado muito técnico, formal e que, por fim, termina no racional, onde os números prevalecem às emoções.

Pense no que você e sua equipe têm de diferente para causar uma impressão sem igual e com credibilidade, pelas evidências que apresentam, mas com criatividade, por meio da dramatização que colocam em cada apresentação.

Veja a seguir um resumo de bons *insights* para ser um mestre em vendas.

■ ■ ■

A VENDA É UM TEATRO

CAPÍTULO 17
INSIGHTS MESTRES

∎ ∎ ∎

Insights são nossas melhores ideias ou novos pensamentos que podem ser brilhantes para remodelar nossos hábitos, técnicas e resultados. Este livro é o resultado dos melhores pensamentos que tive nesses últimos anos, contidos nos meus melhores artigos que tiveram maior audiência. Um resumo interessante para você que administra sua força de vendas e precisa blindar a todos dos maus rumores da crise. Vendas é a área que não pode parar! O vendedor precisa de comando, de liderança, de gestão e valorização para produzir mais. Como motivar sua equipe e mantê-la preparada para tempos difíceis? A seguir, insights que certamente lhe farão refletir, pensar e renovar sua operação em vendas.

INSIGHT 1
REUNIÕES PRODUTIVAS COM EQUIPES DE VENDAS

Reuniões de vendas deveriam focar o resultado, mas nem sempre é isso que vemos. Em muitas empresas que convivi e participei de reuniões quando era consultor delas, o que se vê é a falta total de objetividade e o espaço para alguns vendedores mal-intencionados, que ficam postergando resultados, adiando ações e tornando seus gerentes reféns de falsas perspectivas. Muitos dos argumentos de uma equipe de vendas que não vai bem são apenas retóricas; explicam, mas não justificam o resultado. A reunião deveria servir para corrigir desvios, medir avanços, avaliar previsões assertivas de vendas e obter ideias, mas, ao contrário disso, muitas empresas sofrem com a "lenga-lenga" de sempre. Os que vendem bem continuam, e os que vendem mal sempre explicam. Aliás, os que explicam demais são tão criativos que se preparam para cada reunião com ideias novas, justificativas muito habilidosas que os protegem da falta de resultados. Costumo dizer que, se essa criatividade toda fosse usada em reuniões para arrumar meios novos de vender, teríamos mais campeões de vendas do que temos.

Por isso, reflita. Será que as reuniões em sua empresa vêm acontecendo de forma produtiva, em que se criam estratégias novas e as pessoas se sentem felizes em participar? Ou é uma chatice para seus vendedores ter de apresentar relatórios, ou discursar, ou ouvir sua mensagem de líder?

Quando me tornei gerente de vendas de uma multinacional, questionei profundamente o processo de gerenciamento em que tínhamos que produzir um relatório mensal gigante. Entendia que aquilo tudo seria útil para a organização global, porque o

• INSIGHTS MESTRES •

antigo gerente de vendas me disse que não lia 10% do que estava ali. Imediatamente, me lembrei de um amigo, que assina três revistas e não consegue ler todas. Algumas ficam no plástico, o mês passa e chega a outra formando uma pilha de revistas não lidas. Os relatórios complexos devem ser mais espaçados, até porque, se no dia a dia eles não são utilizados, por que os fazemos? Nesse momento, implantei um modelo de gerenciamento e de encontros da equipe e reuniões periódicas mais simples e eficaz.

Alguns encontros com todos eram feitos logo pela manhã, antes de sair para vender ou iniciar o trabalho. Reunião regular feita com todos em pé, ninguém podia se sentar para ser, assim, mais objetivo e criar um efeito de grupo, em círculo. Um time! Nossa fisiologia é diferente. Enquanto estamos em pé, somos mais atentos e concisos com as palavras.

Em outros momentos mais formais, fazíamos o uso de controles mais simplificados como mapa de oportunidades e funil de vendas (pipeline). Era bárbaro trabalhar com a informação "quentinha", pois o vendedor usava essa ferramenta em seu dia a dia. Útil para todos — quem vende produtos, serviços, varejo ou corporativo —, esse controle tinha como "pulo do gato" dar a mim, o gerente na ocasião, a informação de novos negócios e aqueles que estavam parados. Em vez de questionar de forma vazia como estavam as vendas, eu fazia uma análise de clientes estagnados no processo de vendas ou produtos que eram menos vendidos por um ou mais membros da equipe. As pessoas que vendiam mais se envolviam e ajudavam uns aos outros.

Deixei o mundo estatístico para mim, junto aos meus superiores. Claro que os vendedores tinham que me alimentar de informações concretas, mas o faziam de três em três meses. Eu conhecia o dia a dia e passei a ter um modelo de gerenciamento mais próximo, definindo inclusive minhas ações individuais com cada membro da equipe. Era preciso ter um plano de ação com aqueles que vendiam menos, por exemplo, dar feedback negativo entre quatro paredes. Jamais devemos expor ninguém, a não ser que seja para elogiar.

Outro ponto importante que aprendi a trabalhar na equipe é a criatividade, tão escassa por aí. Ninguém dava ideias para a empresa crescer e vender mais. Isso tinha que mudar. Resolvi unir a equipe todo trimestre, pelo menos uma vez, para que tivessem a liberdade de dar ideias e criar um grupo colaborativo para melhorar as vendas. O que ocorre é que, em muitas empresas, as ideias ficam guardadas na cabeça das pessoas, elas temem se expor e que alguém comente que sua ideia não vale nada, é uma ideia boba. Oras, ideias quando faladas correm mesmo esse risco, mas ideia boba é aquela que a gente não dá. Com ética e seriedade, você pode estimular reuniões produtivas e criativas, usando *post-its* (papéis de anotação autocolantes). Cada um serve para anotar cada ideia das pessoas e ao final elas juntam todos os papéis e colam num quadro. Sem que ninguém fale nada, nenhuma palavra, as pessoas agrupam as ideias num quadro, por afinidade, semelhança, por ser complementar às demais. Por isso usamos *post-its*. No fim, temos alguns grupos de ideias que podem servir para aumentar as vendas de todos e, o melhor, poucas precisam de investimento de dinheiro de fato.

"As pessoas apoiam o mundo que ajudaram a criar" — Peter Drucker.

INSIGHT 2
METAS EM VENDAS

O MUNDO DAS VENDAS DEPENDE DA OBTENÇÃO DE METAS.

Sem metas, um vendedor é aquele que "pasta", passeia com pasta ou fica o dia todo ligando sem dar muita atenção para a boa conversão de leads em prospects quentes. Lead é um termo em inglês para uma indicação ou nome que possa ser qualificado como cliente em potencial (prospect).

Para atingir metas precisamos converter leads, gerar contatos qualificados, fazer com que o volume de oportunidades criadas ou existentes seja qualitativamente organizado em propostas e negociações para fechamento.

São, portanto, os estágios do funil de vendas. Você já pensou na sua venda como um funil, colocando estes estágios como na figura a seguir:

Para estabelecer metas em vendas é preciso observar o funil passado e pensar em como melhorar a taxa de conversão, ou seja, a quantidade de fluxo de negócios que passará da entrada do funil para a saída, através da concretização da venda.

Vender é também a arte de ter paciência, foco e persistência. Um mestre desenha suas metas com base na necessidade que ele tem de realizar objetivos próprios e os da sua empresa ou negócio. O volume de vendas depende proporcionalmente do esforço em termos de prospecção e administração da carteira de clientes. Quem não tem carteira de clientes vive do improviso e da demanda de entrada de contatos novos, o que é um risco para si e para o negócio. Varejo vive de impacto. Não há um funil com tantas etapas, e, portanto, vendedores precisam ser ainda mais assertivos. As metas no varejo são diárias e, claro, sazonais, dependem do momento do mês, do apelo comercial, da economia. Por isso, a necessidade de treinar muito bem os vendedores para serem consultores de clientes e, óbvio, ter marketing de relacionamento para reter a parte mais estratégica de uma marca, os clientes habituais, que compram mais de uma vez.

O cliente não é fiel, arrisco lhe dizer. Por isso, se depender de esperar os clientes comprarem, estará perdido e ficará "pastando" até o fim do dia e do mês. Vá à luta! Para ser lembrado, é preciso ser visto. Muitos gerentes de lojas e vendedores colocam mostruários no carro e vão até a casa dos clientes mais importantes, que compram mais. Isso é ser diferente e comprometido com a meta.

Se quiser vender no mercado corporativo e chegar lá entre os melhores, deverá ter pensamento estratégico. Um ciclo de venda maior demanda controle e organização. Nesse caso, o funil de vendas é bem demarcado e as metas são desenhadas com mais exatidão. Eu consigo hoje prever quanto minha equipe venderá daqui a três meses. E você, sabe quanto venderá no mês que vem? Isso se dá com um olhar no passado e no tempo de cada negócio. Colocar proporcionalmente um percentual para cada estágio da venda ajuda.

1. Lead: 10% da venda;
2. Reconhecimento da necessidade: 25%;
3. Proposta: 50%;
4. Negociação: 75%;
5. Fechamento: 100%.

Se precisa vender 1 milhão por mês, deve identificar quantos clientes estão acima de 50% e calcular que entre 30 a 50% deles podem comprar. Logo, precisará de aproximadamente 3 milhões em propostas colocadas para aquele mês. Esse é um cálculo histórico, ou seja, a maioria dos vendedores convertem entre 30 e 50% quando há espaço de apresentar a proposta comercial.

No entanto, isso muda de negócio para negócio e, claro, quanto mais conversão, menor o esforço para atingir metas.

Tem vendedores que fazem dezenas de propostas e não fecham nenhuma. Por isso, são demitidos e levam consigo dezenas de oportunidades e histórico de clientes. É melhor treinar um vendedor, ensiná-lo a controlar a venda, seus estágios, do que perder a história de clientes que potencialmente comprariam. A cada dez, sete clientes podem não comprar hoje. Os três que compram, determinam o tamanho do seu poder de obtenção de metas. Ter isso na cabeça fez de mim campeão de vendas em várias empresas por onde passei. Gerenciei vendedores no mercado de tecnologia, de seguros, de venda de serviços (do intangível) e esse número é também uma lei para se atingir metas.

No mercado recessivo, a prospecção é a solução. Temos que estar acesos para acender os outros. O vendedor ativo, proativo, criativo é o melhor profissional para superar crises. Se ele não bate a meta, não descansa. Se o plano A não der certo, tem sempre o plano B, C e assim por diante. Traçar o plano alternativo é saber organizar leads (contatos ainda não qualificados) o tempo todo. Quando o cliente não está em suas mãos, ligue para ele, visite-o, leve novidades e uma boa caixa de ferramentas (sua pasta com evidências para comprar). Ter uma boa capacidade de apresentação demanda treinamento, técnicas de abordagem, de captação da atenção, de estabelecer sintonia e de construir interesse de compra. Isso é o que ensino há mais de dez anos. Como ser um estrategista e um relações humanas capaz de promover ótimas perspectivas de vendas. Na maioria das empresas onde faço palestra, o desafio está no ato da venda. Muitas não mantêm nenhuma ferramenta de gestão, como um CRM (sistema de gerenciamento do relacionamento com clientes) e, portanto, perdem muito em prospecção, conversão e na retenção dos contatos. Na crise, o vendedor precisa ser treinado e o gestor precisa ser um provedor de informação útil, que direcione seu time para aproveitar o melhor de seu tempo.

INSIGHT 3
PROSPECÇÃO, CAMINHOS PARA ATRAIR E CONQUISTAR CLIENTES

Muita gente perde oportunidades por não ter a estratégia certa logo no início do processo de vendas. A seguir, tratarei as melhores táticas e técnicas que ajudam a conquistar novos clientes desde o primeiro contato.

TÁTICAS E TÉCNICAS QUE AJUDAM A CONQUISTAR NOVOS CLIENTES:

1	Nunca comece uma venda sem saber com quem está falando: o nome da pessoa, seu papel na decisão de compra, sua intenção real (seja na venda ativa ou receptiva). Para isso, é preciso sempre fazer perguntas abertas (Qual seu nome? O que você busca? Qual seu papel na empresa? Como funcionará o processo de decisão de compra?);
2	Quando não estamos falando com a pessoa certa, aquela que decide, que tem poder de compra e autonomia pelo lado financeiro da proposta comercial, é preciso: barganhar a presença desta através da pessoa que lhe revelou informações. Peça uma reunião ou agende um encontro onde esteja a pessoa que decide, para que você possa se apresentar e confirmar interesse real no negócio. Uma forma de fazer isso é dizer: "Caro fulano(a), — a pessoa intermediária que lhe contatou, mas que não tem poder decisão — quero lhe ajudar a convencer seu superior (diretor ou gerente | sócio ou cônjuge) no fechamento deste grande negócio. Podemos marcar um encontro ou conversa por telefone para isso?"
3	Não prejulgue: resista ao prejulgamento, só porque tem algumas informações, não significa que já sabe exatamente se o cliente comprará ou não. Evite analisar o cliente pelo modo como se veste ou pela forma como fala. Trate seus clientes com um genuíno interesse e verá que muita gente que parecia não ter poder de compra, comprará e muito;
4	Crie necessidades: quando perceber que o cliente tem interesse real em algo que você possui, identifique exatamente para que finalidade ele a quer e, ainda, crie em sua mente uma lista de outros produtos ou serviços adicionais que possam lhe interessar. Exemplo: quem compra um carro, pode necessitar dele para o conforto e segurança da sua família. E, por falar em segurança, o seguro do carro é uma nova oportunidade indireta de venda;
5	Não tema confirmar entendimento com o cliente. Para isso, é preciso novamente saber perguntar, mas agora é a hora de usar perguntas fechadas: "Deixe-me ver se entendi bem... O senhor(a) quer isto ou aquilo? A decisão depende de você e de seu sócio? Existe um interesse real, urgente nisto ou naquilo?"
6	Quando estiver na frente de quem decide, aí sim poderá dizer que tem uma oportunidade clara de fechamento da venda. Quando ela lhe confirmar a verba alocada (em inglês, *budget*) ou ainda lhe der informações contratuais, valores, prazos ou ainda o quanto pretende investir no produto ou serviço, seu caminho já está acima de 50% percorrido.
7	Na hora de apresentar a proposta e negociar, vale muito ter as informações obtidas no início da qualificação do cliente, tais como: real interesse, motivos de compra. Uma boa entrevista antes da venda, com perguntas certas, evita que você perca tempo com pessoas ou empresas que não podem comprar ou não precisam do seu produto.

LEMBRE-SE: A CADA DIA, A CADA HORA, SUA VENDA MELHORA

Conheça o método Master Selling

O método Master Selling é um programa de formação de Mestres de Vendas, líderes ou vendedores campeões que almejam desenvolver ainda mais suas competências e liderar num mundo de mudanças e tamanha competição. Dirigido a líderes em vendas ou àqueles que almejam liderar equipes em especial, esse programa pode durar em média três meses. São realizados encontros presenciais e mentoria a distância para que sejam transferidos todos os conhecimentos do time de especialistas e mentores, com a curadoria de Marcelo Ortega, que se envolve com todos os Masters em formação. Seja um mestre de vendas como muitos empresários, dirigentes e gestores, que mudaram de patamar com essa inovadora e completa maneira de desenvolver a parte mais estratégica e tática de uma operação comercial, independentemente do tamanho ou segmento da empresa ou negócio.

Acesse agora mesmo: www.masterselling.com.br e tenha acesso a conteúdos complementares a esta obra que acabou de ler. Leia ainda, a seguir, o que pensam grandes profissionais, especialistas em vendas e gestão — formados no método Master Selling — pelo Instituto Marcelo Ortega.

O GESTOR DE VENDAS E A DÉCADA DE 2020
Por Martinho Nery Junior

Há quase duas décadas trabalhando como gestor de vendas e marketing — contratando e treinando profissionais de vendas e liderança, e principalmente após assumir turmas de graduação e pós-graduação, ministrando disciplinas como Motivação, Liderança, Trabalho em Equipe e Gestão Estratégica de Vendas —, percebi que se tornar um líder completo na área de vendas é o grande "calcanhar de Aquiles" dessa profissão. Quando nos tornamos gerentes ou dirigentes, deixamos de ser responsáveis apenas pelas nossas metas e clientes para gerir uma região, uma equipe, objetivos da organização e de seus diretores.

Estamos iniciando a terceira década do século XXI com novas demandas para líderes e liderados, um mundo 4.0, forçados pela primeira vez na história a estabelecer uma convivência har-

CONHEÇA O MÉTODO MASTER SELLING

moniosa e produtiva entre as diversas gerações, partindo dos Veteranos (nascidos antes de 1946), *Baby Boomers* (1946-1964), Geração X (1965-1979), Geração Y ou *Millennials* (1980-1995) e chegando à atual geração Z (1995 a 2010), cujo maior desafio é justamente a conciliação dos conjuntos de valores abrangentes e estilos de comunicação construídos nas diferentes épocas e que, na maioria das vezes, conflitam entre si.

Sempre gostei de assumir o protagonismo nas empresas onde trabalhei, onde meu desafio era alcançar cargos de liderança e gestão, o que me motivou a estudar e me aprofundar sobre o assunto. Lembro-me de ter lido nos últimos dez anos ao menos cinco artigos no site administradores.com sobre a falta de líderes qualificados no mercado de trabalho, e acabei por me questionar porque alguns profissionais têm receio de assumir cargos de liderança. Ou: Por que as empresas não vêm estimulando o nascimento de novos líderes?! Nesse momento de retomada do crescimento no país onde empreender, ou intraempreender, torna-se o caminho mais viável para a construção de novos mercados ou a revitalização de antigos, o cargo de gestor de vendas, ou ainda gestor de novos negócios, entra no radar de grandes e médias empresas disputando líderes talentosos e atentos ao novo formato do varejo 4.0 e de suas variantes de interface com as forças de vendas *offline*.

Segundo o Fórum Econômico de Davos de 2016, os profissionais que chegam ao mercado neste ano de 2020 devem possuir as seguintes habilidades:

#1 Resolução de Problemas Complexos;

#2 Pensamento Crítico;

#3 Criatividade;

#4 Gestão de Pessoas;

#5 Coordenação Empática;

#6 Inteligência Emocional;

#7 Bom Senso para Tomada de Decisões;

#8 Orientação para Servir;

#9 Negociação;

#10 Flexibilidade Cognitiva.

Se somos gestores de equipes devemos não só possuir essas habilidades, mas também saber liderar nosso time, utilizando-as de forma atitudinal, motivadora e com uma forte carga de mentoria para que sejamos mais que respeitados, sejamos admirados, tornando-nos referência de conduta e capacidade.

Erigir uma cultura empresarial e motivadora conduzirá os liderados aos objetivos desejados e promoverá mais que seu comprometimento, construirá um time engajado, proativo, automotivado e focado em crenças ilimitadas e em um mundo cheio de possibilidades e oportunidades. Portanto, não restam dúvidas

CONHEÇA O MÉTODO MASTER SELLING

de que o fator comportamental e emocional aliado aos conhecimentos técnicos são fundamentais para conduzir ao sucesso. Vivemos na era do cliente engajado, consciente de que quer fazer parte de um mundo melhor, mais inclusivo e sustentável, se não possuirmos e disseminarmos nas nossas equipes esses sentimentos, seremos derrotados nesse tsunami de *oceanos azuis*.

A "liquidez" do mundo contemporâneo, que Zygmunt Bauman tão bem definiu, leva-nos à busca incessante por novos mercados e novas maneiras de mercar, onde a neurociência se liga ao olhar mais sutil das demandas inconscientes dos nossos clientes.

Uma vez velejando em plena Baía de Todos os Santos, ouvi de um grande amigo, também mestre de vendas, a seguinte frase: "Irmão, o vento está aqui, as correntes também estão, só temos que arrumar as velas, alinhar o leme e posicionar a quilha do barco e seguiremos de forma natural ao rumo desejado."

Assim é o nosso mundo, o mundo dos gestores de vendas: líquido, volátil até, e sempre instável. Saber navegar é preciso, saber liderar a tripulação é vital, pois os nossos clientes nunca serão portos seguros, e "atracá-los" aos nossos objetivos sempre será um desafio a ser galgado. Portanto, a capacidade de estabelecer esses relacionamentos é que nos diferenciará, bem como diferenciará nossos times, nossa força de vendas, levando-os às metas e objetivos desejados.

O projeto Master Selling, Mestres de Vendas, apresenta-se como a bússola que norteará a carreira dos profissionais de vendas, seja em cargos de liderança ou não, que dominarão o mercado desta e das próximas décadas pela busca da melhoria contínua através de ações de mentoria, de salas de estudos e desenvolvimento para esses profissionais atentos a essa nossa grande paixão que é a arte de vender, negociar, solucionar as demandas dos nossos clientes até mesmo quando eles não sabem, ainda, que as têm, e que cabe ao bom profissional de vendas lhes apresentar!

AS PRINCIPAIS CARACTERÍSTICAS DE UM MESTRE DE VENDAS
Por Leonardo Gonzaga

Hoje em dia, um percentual muito pequeno de profissionais da área de vendas realmente pode ser descrito como Master Selling ou Mestres de Vendas. Essas pessoas muito talentosas desenvolvem características que as tornam únicas por meio de um trabalho duro, mas que as posicionam à frente dos demais vendedores. Os Mestres de Vendas dominaram a arte de vender, diferenciando-se do vendedor mediano, e em sua maioria são analíticos e lógicos, mas também são flexíveis e criativos e desenvolveram um grande segredo que é inteligência emocional e relacionamento interpessoal.

■ CONHEÇA O MÉTODO MASTER SELLING ■

Descreverei a seguir, com base na minha experiência de mais de 20 anos de área comercial como vendedor, treinador, e líder de equipes comerciais, algumas características que vejo no perfil de um Mestre de Vendas, que possui uma visão de missão clara, e desenvolve suas metas e objetivos de maneira a manter o seu foco dentro do caminho de sua visão. Desta forma, acredito que as principais características e comportamentos que definem um *Master Selling* são:

APRENDIZES INCANSÁVEIS

Considero como uma das principais características de um Mestre de Vendas sua capacidade e vontade de aprender sempre. Eles abrem suas mentes e estão em constante aprendizado e descobertas, pois de fato uma parte essencial de nós, seres humanos, é a nossa capacidade de aprendizado. O processo de aprendizado leva ao autodesenvolvimento, gerando assim maior valor para os clientes potenciais. Querer ter o controle forçado da situação não é vantagem competitiva, em vez disso eles são exímios ouvintes e analisam sem julgamentos. Deixam de lado o seu ego e observam o todo, entendendo todas as estruturas da situação. Em sua maioria, Mestres de Vendas conseguem abordar vendas e marketing de um ponto de vista objetivo, e tomar decisões que resultam em ganhos mútuos para vendedor e comprador. Os Mestres de Vendas possuem um plano e cumprem-no, buscando flexibilidade quando necessário, e essa flexibilidade é muito simples de se obter quando não se obrigam a querer ter o controle de toda a situação.

Por fim, como é um incansável aprendiz, o Mestre de Vendas tem a capacidade de orientar seus clientes no processo de aprendizado, compreendendo que cada pessoa aprende de uma maneira diferente, e que elas reterão aquilo que é de seu interesse, e esse interesse está relacionado ao que gera valor ao comprador.

Lembrar que somos aprendizes no processo da vida, faz de nós melhores Mestres de Vendas no campo.

MESTRES NA CONSTRUÇÃO DE RELACIONAMENTOS

Acredito que vendas são um processo de construção de relacionamento interpessoal e de confiança, e para um Mestre de Vendas isso não é tendência ou apenas técnica de vendas, mas sim um estilo de vida. Eles pensam em si como reais parceiros de seus clientes, portanto, seu objetivo além de atender é se questionar como eles podem ajudar seus clientes a potencializarem seus resultados e expandir seus negócios.

A construção de relacionamentos de longo prazo com seus clientes resulta em uma relação de dependência saudável, visto que o cliente passa a enxergar esses profissionais como *advisors* para seus objetivos. Eles compreendem que as pessoas possuem suas zonas de conforto e desejam desenvolver um relacionamen-

CONHEÇA O MÉTODO MASTER SELLING

to com pessoas que sejam confiáveis e atendam às suas necessidades, e é neste momento que o relacionamento se torna mais importante do que seu produto ou serviço. Pessoas compram de pessoas, as relações de vendas são entre CPF e não entre CNPJs, sendo que estes últimos servem apenas para formalizar as regras finais definidas entre as pessoas.

A confiança é a cola que manterá o relacionamento unido. Tente quebrar a confiança estabelecida uma única vez para verificar o quão difícil se tornará a próxima venda para essa relação que, de alguma forma, teve a confiança abalada. E aqui estamos falando muitas vezes de coisas simples como, por exemplo, retornar um telefonema, e-mail, mensagem de forma mais breve possível e fazer o que é dito e acordado. Acredito que se a confiança não estiver realmente presente, os clientes não comprarão. Confiança é algo que se constrói mostrando a competência para fazer um trabalho de forma correta e melhor que seus concorrentes, e tem base no caráter, na integridade e na honestidade do Mestre de Vendas.

Essa construção de confiança também passa pelo processo de comunicação frequente com seus clientes, de forma regular, levando informações relevantes aos seus clientes e não apenas se comunicando quando existir uma oportunidade de venda. Mestres de Vendas são grandes questionadores, que perguntam e identificam os pensamentos e necessidades de seus clientes.

ALGUMAS ATIVIDADES QUE OS MESTRES DE VENDAS UTILIZAM PARA AMPLIAR SEU RELACIONAMENTO E GERAR CONFIANÇA:

1	Enviar notas de agradecimento e felicitações em datas especiais;
2	Fazer algo diferente e especial;
3	Buscar níveis de profundidade no entendimento dos clientes;
4	Lidar de forma empática e prontamente quando o cliente tiver reclamações;
5	Entregar seu melhor, oferecendo excelência ao cliente;
6	Ter uma apreciação real não apenas pelo que faz, mas também pelo cliente;
7	Valorizar seu cliente de forma sincera, e não apenas para bater metas.

■ CONHEÇA O MÉTODO MASTER SELLING ■

Os Mestres de Vendas aprenderam que as pessoas precisam se sentir valorizadas e importantes, e o fazem dessa forma sem expectativa de retorno do cliente, compreendendo que, se neste momento entregarem o seu melhor, serão automaticamente recompensados em novas oportunidades. Aprenderam a trabalhar com o cliente e não contra o cliente, e sabem também que nunca será possível agradar a todos.

Por se desenvolverem como construtores de grandes relacionamentos, têm como objetivo permitir que as pessoas sejam elas mesmas, compreendendo suas limitações, e não buscando corrigir ou criticar. Entendem que devem conduzir, por muitas vezes, seu cliente na jornada de sucesso, e quando aquele cliente desafiador aparece, a regra de ouro é ouvir empaticamente para que possa ter argumentos necessários ao direcionamento do cliente nessa jornada da relação ganha-ganha. Realizam isso sem comprometer seus valores e princípios, mas mantendo sempre sua mentalidade de abundância expressada através de um comportamento generoso e desinteressado. Eles se tornam pessoas das quais os clientes desejam estar perto, desejam ver e conhecer, pois agregam valor na forma de um relacionamento de respeito, eficaz e produtivo.

MESTRES NA COMPREENSÃO DE PERSONALIDADE E EMOÇÕES

O Mestre de Vendas entende que cada indivíduo é diferente, possui uma formação familiar, cultural e educacional diferente, sendo assim, cada pessoa vê o mundo através de suas próprias lentes, percebendo e respondendo às diversas situações de maneiras diferentes. O Mestre de Vendas compreende as personalidades e emoções humanas, reconhecendo as percepções, paradigmas e preconceitos existentes, e assim desenvolvendo uma habilidade de olhar o mundo pelas lentes do cliente, buscando uma melhor compreensão de como eles veem o mundo.

Não me aprofundarei no tema, mas diversos tipos de testes de personalidade e perfil comportamental podem ser estudados a fim de auxiliar o Mestre de Vendas na melhor compreensão e conexão com seus clientes. Para citar alguns, pode-se tomar conhecimento do MBTI e o DISC, pois acredito que sejam os mais conhecidos e populares.

O Mestre de Vendas, de forma racional ou intuitiva, busca entender e se relacionar com cada um dos tipos de personalidade existentes. Conhecendo as personalidades das pessoas, eles compreendem que nenhuma é melhor do que a outra, mas identificam como melhor se comunicar com cada uma delas. Eles não tentam mudar as pessoas, pois sabem que elas não são obrigadas a mudar, as pessoas mudam em seus próprios termos, e para muitas a mudança é algo muito difícil.

Compreender e aprender a lidar com as diversas personalidades é uma habilidade que deve ser estudada e praticada por todos que desejam se tornar um Mestre de Vendas.

Por fim, um Mestre de Vendas sempre cumprirá as suas promessas para criar ganhos mútuos, e assim ajudar seus clientes.

Ele sabe que nos processos de vendas da atualidade, a ajuda é mais importante do que a persuasão para o sucesso da venda.

PESSOAS QUE ROCURAM SEMPRE UM SIGNIFICADO MAIS PROFUNDO NAS VENDAS

Na atualidade, eu me relaciono com diversos profissionais que considero Mestres de Vendas, e noto que geralmente estes vão além da abordagem comum de vendas para buscar fatores determinantes ao sucesso. Eles são fiéis a si mesmos e confiantes em valores e princípios, possuindo um senso apurado de como o universo opera. Especialmente em tempos difíceis, eles entendem que, se fizerem as coisas seguindo essa base, as respostas lhe serão dadas e o sucesso de sua jornada seguirá. Sabem quando devem parar de vender para desenvolver um relacionamento mais profundo com seu cliente.

São pensadores criativos que entendem em níveis mais profundos os desejos de seus clientes. Eles conseguem diferenciar entre opinião, fato e suposição, reconhecendo emoções. São sagazes na identificação do problema principal, não no sintoma, e criam soluções que agregam valor real ao cliente.

MESTRES NA COMUNICAÇÃO

Os Mestres de Vendas que conheço possuem a habilidade de comunicar de forma efetiva a mensagem que atende às necessidades de seu cliente e agrega mais valor do que qualquer outra ferramenta de marketing disponível na atualidade. Costumo dizer que eles são realmente os donos do processo de comunicação utilizado para construir relacionamentos e conduzir transações comerciais ganha-ganha. Eles entendem que, na maior parte do tempo, o que é ouvido em uma comunicação não é verbal, mesmo que essa interação seja ao telefone. De fato, estudos apontam que apenas 7% da mensagem real é falada em palavras, 38% é o tom de voz e 55% é a expressão não verbal, portanto, as comunicações não verbais dominam toda a conversa de vendas.

Em qualquer comunicação existe o acontecimento de dois processos. O primeiro processo é a transação de vendas, ou negociação real como algumas pessoas dizem. Já o segundo é como a comunicação atende às necessidades emocionais das partes envolvidas no processo. Essas necessidades incluem, mas não se limitam, a autoestima, poder, controle, medo e diversas outras emoções, entretanto, acredito que o verdadeiro poder no processo está na capacidade de vendedor e comprador criarem um resultado eficiente e eficaz. Um Mestre de Vendas evita o controle de conflitos baseado em ego, e alimenta o compromisso e trabalho em equipe.

O profissional que é um Mestre de Vendas sabe que as pessoas puxam as próprias rédeas, e que nada pode impactar uma pessoa, a menos que ela se permita ser impactada. Com isso, uma comunicação sem julgamento e crítica atrairá as pessoas para o Mestre de Vendas.

CONHEÇA O MÉTODO MASTER SELLING

A COMUNICAÇÃO DO MESTRE DE VENDAS É REALIZADA:

1	Criando um diálogo equilibrado e amigável, tornando-a uma experiência agradável;
2	Tem a capacidade de realizar perguntas de qualificação abertas;
3	Consegue corresponder produtos e serviços à necessidade do cliente;
4	Poder de transformar um negativo em um positivo;
5	Não desiste de um processo de vendas no primeiro não, mas não se torna aquele profissional insistente, e sim busca uma forma de agregar valor;
6	Elogia o cliente sinceramente por aquilo que ele faz bem.

Para os Mestres de Vendas, conectar-se com o cliente tem que ser pelo processo efetivo de comunicação, trabalhando com seus clientes para ajudá-los a determinar o que podem não saber e explicar a eles os custos de não agir. São capazes de esclarecer intenções compartilhadas, trabalhando em acordos nos quais o cliente faz parte do processo de descoberta e solução do problema.

Ao fazerem perguntas inteligentes, eles fazem seus clientes falarem mais sobre o sentimento, necessidades, pensamentos e outros problemas percebidos sobre a situação. São praticantes astutos da escuta ativa e demonstram verdadeira preocupação para agregar valor ao cliente.

Para o verdadeiro Mestre de Vendas, entender que o seu cliente não compartilhará necessariamente seus pensamentos ou sentimentos sobre os serviços e produtos que estão sendo comercializados é muito importante. E para preencher essa lacuna o Mestre de Vendas se comunica de forma eficaz com as palavras e pensamentos do cliente, fazendo com que o processo de vendas evolua com o que está na mente do cliente.

E, para finalizar, minha última dica é que, se você escolheu como profissão ser vendedor ou líder de equipe de vendas, que você realmente seja um Mestre de Vendas. Invista em conhecer as pessoas. Concentre-se em se transformar neste profissional de valor e que realmente faz a diferença para a vida de outras pessoas, sendo único e marcante. Siga em frente, dê foco em

▪ CONHEÇA O MÉTODO MASTER SELLING ▪

implementar comportamentos, habilidades e colocar em ação o que está sendo apresentado neste livro, e você certamente descobrirá o quanto realmente ama a sua profissão, e alcançará novos níveis em sua carreira alçando voos cada vez maiores.

▪ ▪ ▪

Master Selling Day

Você pode participar do Master Selling Day. É um grande evento que ocorre uma vez por ano nas principais capitais do Brasil. É uma oportunidade única de você e sua equipe de vendas terem contato com Marcelo Ortega e suas ideias sobre o mundo das vendas nos próximos anos, vivenciando desde já ferramentas, técnicas e táticas impactantes, que mudam o resultado em vendas pela aplicabilidade e eficiência. Master Selling Day é para todos, incluindo quem está começando. Não precisa ser mestre, líder ou campeão de vendas. Mas tem que querer estar entre eles e, por isso, esse evento despertará e ensinará como se tornar um profissional de vendas extraordinário, que lidera seus resultados e supera metas e objetivos. Quem sabe, depois desse dia, sua empresa e você sejam parte do programa de formação de Masters, que é dirigido a um grupo seleto de pessoas que se candidatam para aprender e aplicar em suas empresas ou, ainda, trabalharem diretamente com Marcelo Ortega e seus treinadores e especialistas.

"Garanto que o *Master Selling* pode ser o caminho mais rápido para quem precisa atingir níveis extraordinários de performance em vendas, liderando equipes ou atuando como vendedor, a melhor profissão do mundo."

Marcelo Ortega

www.masterselling.com.br
contato@masterselling.com.br

Bibliografia

FUTRELL, Charles. *Vendas: O Guia Completo*. Porto Alegre: AMGH, 2014

GITOMER, Jeffrey. *A Bíblia de Vendas*. São Paulo: Mbooks, 2010

GOLEMAN, ph.D., Daniel. *Foco*. São Paulo: Objetiva, 2014

CARNEGIE, Dale. *Como Fazer Amigos e Influenciar Pessoas*. Rio de Janeiro: Sextante, 2019

MILLER, William "Skip". *Proactive Selling*. AMACOM, 2019

RACKHAM, Neil. *Alcançando a Excelência em Vendas Spin Selling*. São Paulo: Mbooks, 2008

FVG. Vendas na Estratégia de Marketing

Índice

A

Acolhimento personalizado do cliente 33, 42
Acrônico Master
  Ambiente 11
  Estratégia 10
  Investigação 10
  Motivação 9
  Resultado 11
  Treinamento 10
Adaptive learning 27
Administração da venda 208
Agenda produtiva 205
AIDA 105
Airbnb 112
Alta performance 99, 173
Amazon 32
Apple 32
Aprendizagem 360° 126
Apresentação de vendas 198
Art Buchwald 55
Arte
  da pergunta 184
  da venda 52, 198
  de vender 114, 234
Autodesenvolvimento 235
Automotivação 9, 68, 166

B

Banalização do conteúdo 35

C

Cadeia produtiva de vendas 52
Cansaço mental 65
Charles M. Futrell 198
Ciclo
  de fracasso 63
  de venda 223
Clientes
  fiéis 43
  promotores 43
Coach 29
Coca-Cola 100
Competição vs. cooperação 82
Comunicação assertiva 86, 170
Comunicar
  preço 56
  valor 56
Conduta diária 79
Convergência de interesses 50
Conversão de leads 31, 221
Copywriter 31
Credibilidade 193, 209
Crenças limitantes 76
Criatividade 220
Cuidar do cliente 57
Cultura geradora de negócios 148

D

Dale Carnegie 67, 101
Daniel Goleman 145

Dashboards 208
Definir o porquê 56
Desconto excessivo 10
Diferenciação 193
Digital influencers 30
DNA do cliente 180
  Aparente 180
  Desejo 180
  Nunca 180

E

Eduardo Botelho 167
Empatia 179
Empregabilidade 63, 79
Era da sensibilidade 78
Escala de valores essenciais 65, 70
  compromisso 65
  ética 65
  responsabilidade 65
Estratégia de educação 170
Ética 130
Experiência de compra 43

F

Facebook 112
Faculdade da vida 79
Falsos profetas 29
Fluxo de faturamento 52
Força de vendas 114, 217
Ford 98
Forecasting 206
Formula Selling 105
Frederick Reichheld 43
Funil de vendas 108, 222
  pipeline 117, 206

G

Geração de leads 31
Globalização 104

Google 31, 115
  Google AdWords 31
Grande Depressão 99
Grant Nablo 98

H

Hay Group 145
Henry Link 101
Herbalife 95
Herb Cohen 78
Hierarquia retrógrada 10
Humanização no atendimento 51

I

IBM 32, 107
Imposições tecnológicas 88
Inbound marketing 150
Indústria 4.0 111
Instagram 31
Inteligência
  artificial 32
    avançada 112
  emocional 155
  em vendas 155
Interesse do consumidor 78
Intraempreendedorismo 187, 231
IoT (Internet das Coisas) 111

J

Jack Welch 140
Jim Collins 34

L

Lado emocional 78
Leads 149
Líder 80
  comunicação eficaz 84
  empatia 80

ÍNDICE

energia 80
firmeza 80
hiperfocado 145
solidariedade 80
Liderança
　cognitiva 81
　pessoal 79
Lifetime value 113
LinkedIn 31, 116
Longevidade no mercado 114

M

Mapa de oportunidades 205, 219
Marketing
　3.0 78
　de conteúdo 117
　de relacionamento 222
　digital 31
Market Share 113
Massificação dos produtos 104
Mediocridade coletiva 76
Mensagem cativante 57
Metas 221
　empresariais 77
　pessoais 77
Método
　ADAPT 103
　Inteligência em vendas 205
　Master Selling 229
　PSS 107
　SELL 103
Microsoft 32
Mindset dos vendedores 109
Missão 56, 84, 166
Motivação 68, 75, 96, 169
Mundo digital 33

N

NBC 100

Neil Rackham 106
Netflix 112

O

Objeção 57
　sinal de compra 57
Objetivos
　diários 76
　pessoais 77
Organizar leads 224
Orkut 27

P

Pergunta aberta 198
Peter Drucker 221
Philip Kotler 78
Pirâmide de Vendas 95
　John Patterson 95
Planejamento estratégico 83
Produtividade 52
Propósito 84
Proposta comercial 57, 195
　Aplicação 57
　Benefícios 57
　Evidências 57
　Fatos 57
　Tentativa de fechamento imediato 57
Prospecção 116, 147, 224
Prospect 147, 221
　qualificado 148
Pulverização de confiança 35

R

Reeducar o mercado 56
Remarketing 150
Resultado vs. Preço 56
Review (unboxing) 95
Revolução

Digital 32
Industrial, primeira 94
Industrial, quarta 110
Industrial, segunda 95
Industrial, terceira 104
tecnológica 51
Ricardo Galebe 195
Robert Miller 107
ROI (Return of Investment) 136
Rotatividade 63
Ruth Malloy 145

S

Segunda Guerra Mundial 95
SEO 31
Spin Selling 106
Sponsor 199
Stanislaw Lec 80
Stephen Heiman 107
Storytelling 114

T

Taxa de conversão 222
Teatralizar a venda 210
Teoria de níveis neurológicos 170
Time dos acomodados 69
Traçar metas 77
Três R's 155
   reconhecimento 155
   regras 155
   resultado 155
Turnover 34
Twitter 116

U

Uber 112
Unidade de lucro 41
   cliente 41

V

Valores 84, 166
Venda
   através do relacionamento 102
   baseada em marca 100
   centrada no cliente 108
   científica 98
   consultiva 78, 180
   Consultiva 108
   desafiadora 110
   emocional 99
      mood selling 100
   empreendedora 187
   pela satisfação de necessidades 106
   psicológica 101
Vendas cruzadas 105
   cross selling 206
   Cross Selling 105, 113
   Up Selling 105, 113, 206
Vicente Falconi 35
Visão 84, 166
Vodafone 27

W

Woodrow Wilson 97

X

Xerox Corp. 106

Y

YouTube 27, 96
Youtubers 30

Z

Zona de conforto 68, 236
Zygmunt Bauman 233